JN424867

역대시화 1

歷代詩話

시품, 시식, 이십사시품

A Talk on Poetry of Chronicle

엮은이 하문환(何文煥 : 청(淸) ?~?)은 자가 소미(少眉), 호가 야부(也夫)이며 가선(嘉善) 사람이다. 주로 건륭 연간에 활동하였다. 관직을 갖지 못한 제생(諸生)으로서 구체적인 생애는 잘 알려져 있지 않다. 저서로 『무보집(無補集)』이 있고 『역대시화』를 편찬하였다.

옮긴이 김규선(金奎璇) 은 선문대학교 교수이다. 한국외국어대학교 중국어과 학사 및 동대학원 석 · 박사 학위를 받았다. 논문으로 「陸游의 憂國意識과 시적 형상화 고찰」, 「황상의 산거 생활과 시적 형상화 연구」 등과 역주서로 『추사 김정희 연구』(원서 : 清朝文化 東傳 硏究), 『국역 의암집』, 『日省錄 정조 62 (정조 10년 11월)』 등이 있으며, 조선시대 한 · 중 교류 자료의 발굴과 연구에 많은 노력을 기울이고 있다.

역대시화歷代詩話 1 — 시품, 시식, 이십사시품

1판 1쇄 인쇄 2013년 11월 20일 **1판 1쇄 발행** 2013년 11월 30일

엮은이 하문환 **옮긴이** 김규선 **펴낸이** 박성모 **펴낸곳** 소명출판
등록 제13-522호 **주소** 137-878 서울시 서초구 서초동 1621-18 (란빌딩 1층)
대표전화 (02) 585-7840 **팩시밀리** (02) 585-7848
이메일 somyong@korea.com **홈페이지** www.somyong.co.kr

ISBN 978-89-5626-931-3 94820 값 15,000원 ⓒ 한국연구재단, 2013
ISBN 978-89-5626-930-6 (전 6권)

이 번역도서는 2009년 정부재원(교육인적자원부 학술연구조성사업비)으로 한국연구재단의 지원에 의하여 연구되었음.

역대시화 1

시품 · 시식 · 이십사시품

歷代詩話

하문환 엮음
김규선 옮김

소명출판

일러두기

1. 본서의 저본은 『歷代詩話』(中華書局, 1981)이다.
2. 본서의 원주는 중화서국본을 그대로 따랐다.
3. 자字와 호號, 기타 별칭에 대해서는 괄호 안에 본래 성명을 밝혔다.
4. 원문에 작품만 인용되었을 경우, 해당 작품의 작가와 작품명 등을 주석에 밝혔다.
5. 최근의 편집 추세에 맞춰, 한자 병기 시에 괄호를 쓰지 않았으며, 기타 표기는 일반적인 예를 따랐다.

역대시화 1 - 시품, 시식, 이십사시품 __ 차례

9 역대시화
11 역대시화 범례
14 역대시화 목록

시품

19 해제_종영, 『시품』
25 시품
36 상품
44 중품
57 하품

시식

75 해제_교연, 『시식』
80 明勢형세에 밝음
82 明作用활용에 밝음
83 明四聲사성에 밝음
85 詩有四不시에는 네 가지 범하지 말아야 할 것이 있다
86 詩有四深시에는 네 가지 깊이가 있다
87 詩有二要시에는 두 가지 중요한 요체가 있다
88 詩有二廢시에는 두 가지 폐기해야 할 것이 있다
89 詩有四離시유사리
90 詩有六迷시에는 여섯 가지 미혹이 있다
91 詩有六至시에는 여섯 가지 지극함이 있다
92 詩有七德시에는 일곱 가지 덕이 있다
93 詩有五格시에는 다섯 가지 격이 있다
94 李少卿並古詩十九首이소경(이릉)과 고시십구수
96 鄴中集업중집
97 文章宗旨문장의 종지

99 用事용사
101 語似用事義非用事시어는 용사인 듯하나 의미는 용사가 아니다
103 取境외경을 취하다
105 重意詩例의미를 중시하는 시의 예
107 질탕격跌宕格 2품二品
110 굴몰격淈沒格 1품一品
111 조소격調笑格 1품一品
113 對句不對句대구와 불대구
115 三不同語意勢세 가지 다른 말과 의미와 형세
117 偸語詩例말을 훔친 시의 예
118 偸意詩例내용을 훔친 시의 예
119 偸勢詩例형세를 훔친 시의 예
120 品藻품조
121 辨體有一十九字시체를 구분하는 데 19글자가 있다

이십사시품

127 해제_사공도, 『이십사시품』
132 雄渾웅혼
133 沖澹충담
134 纖穠섬농
135 沉著침착
136 高古고고
137 典雅전아
138 洗煉세련
139 勁健경건
140 綺麗기려
141 自然자연
142 含蓄함축
143 豪放호방
144 精神정신

145 縝密 진밀
146 疏野 소야
147 淸奇 청기
148 委曲 위곡
149 實境 실경
150 悲慨 비개
151 形容 형용
152 超詣 초예
153 飄逸 표일
154 曠達 광달
155 流動 유동

156 인명 찾아보기

역대시화 전체 차례

역대시화 1

- 역대시화
- 역대시화 범례
- 역대시화 목록
- 시품
- 시식
- 이십사시품

역대시화 2

- 전당시화

역대시화 3

- 육일시화
- 온공속시화
- 중산시화
- 후산시화
- 임한은거시화
- 죽파시화
- 자미시화

역대시화 4

- 언주시화
- 석림시화
- 당자서문록
- 산호구시화

역대시화 5

- 운어양추

역대시화 6

이로당시화
백석도인시설
창랑시화
산방수필
시법가수
목천금어
시학금련
담예록
예포힐여
존여당시화
이백재시화
역대시화고색

역대시화歷代詩話

詩話於何昉乎. 賡歌紀於虞書, 六義詳於古序. 孔孟之言, 別申遠旨, 春秋賦答, 都屬斷章. 三代尚已. 漢魏而降, 作者漸多, 遂成一家之言, 洵是騷人之利器, 藝苑之輪扁也. 爰勒前賢之書, 爲一編, 間有管見, 爲考索若干條附於末.

乾隆庚寅四月八日 嘉善 何文煥 序

시화詩話는 언제 시작되었는가? 갱가賡歌[1]는 『우서虞書』에 기록되어 있고 육의六義[2]는 옛 『시서(詩序 : 모시서毛詩序)』에 상세히 적혀 있다. 공자와 맹자의 말은 별도로 심원한 뜻을 펼쳤으며 『춘추』의 답문答文[3]은 모

1 갱가(賡歌) : 서로 이어서 부르는 노래. 순(舜)임금과 고요[皐陶]가 서로 노래를 주고받은 데에서 연유한다. 『서경(書經)』 「익직(益稷)」에 내용이 전한다.

2 육의(六義) : 시(詩)의 여섯 가지 체(體)로 풍(風)·아(雅)·송(頌)·부(賦)·비(比)·흥(興)을 가리킨다.

3 『춘추』의 답문(答文) : 『춘추좌씨전(春秋左氏傳)』에 기술된, 당시 외교의 장에서 주고

두 짧은 글에 속한다. 삼대(三代 : 하夏 · 은殷 · 주周)는 오래전 이야기다. 한漢 · 위魏 이후로 작가들이 점차 많아져 마침내 일가의 말이 구축되었으니, 참으로 문인의 좋은 도구이고 문예계의 윤편輪扁[4]이다. 이에 선현들의 글을 모아 책으로 만들고 이따금 나의 견해를 끼워 넣는 한편, 약간의 「고색考索」을 만들어 마지막에 덧붙인다.

건륭乾隆 경인년(1770) 4월 8일 가선嘉善 하문환何文煥 쓰다.

받은 시나 그 답문 들을 가리킨다.

4 윤편(輪扁) : 춘추시대 제(齊)나라 사람으로, 수레바퀴를 만드는 장인(匠人)이다.

역대시화 범례

詩話據經籍志所載, 存者無幾. 今就有可考校者付梓, 弗嫌掛漏.

是刻因前賢小品, 每易散遺, 故彙爲一編. 若漁隱叢話詩人玉屑等書, 卷帙既富, 可自專行, 無煩贅入.

前賢詩話, 微特論議精確, 文筆亦自有致, 故惟原本可佳, 編類則失之矣. 詩話總龜詩話類編等書, 可弗問也.

詩話貴發新義, 若呂伯恭詩律武庫, 張時可詩學規範, 王元美藝苑卮言等書, 多列前人舊説, 殊無足取.

雕板如前明胡氏之百家名書【卽書估所稱格致叢書】, 最爲舛訛, 大半屬贋本. 唯元人一二種差强人意, 姑存以備元代詩話.

前明楊升菴丹鉛總録, 內有詩話四卷, 外集所編, 有詩品十二卷, 率多訛字. 謝茂秦四溟詩話四卷, 眞僞參半. 此二種俟覓善本訂正.

書中敬避字, 遵例改寫. 聖祖仁皇帝廟諱上一字作「元」, 下一字作「燁」. 世宗憲皇帝廟諱上一字作「允」, 下一字作「正」. 皇上御名上一字作「宏」,

下一字作「歷」.

續刊 舊刻諸書, 譌脱甚多, 賴我友潘夢廬相助校閱. 其無可考正者, 姑仍其舊, 不敢臆改.

此書始自六朝, 迄前明而止. 國朝詩話, 收羅未廣, 且俟來玆.

也夫 何文煥 識

「수서경적지隋書經籍志」에 실린 것들을 근거로 할 때, 시화는 남아 있는 것이 별로 없다. 지금 참고하고 교정할 만한 것들을 출판함에 있어서 누락을 개의치는 않았다.

이 책은 산실되기 쉬운 선현의 소품(小品 : 짧은 문장)들을 모아 한 책으로 묶었다. 예컨대 『어은총화漁隱叢話』와 『시인옥설詩人玉屑』 등은 분량이 많아서 따로 단행본으로 출판할 수 있으므로 포함시키지 않았다.

선현의 시화는 논의가 정확할 뿐만 아니라 문장도 스스로 이룩한 바가 있다. 그래서 오직 원본만 아름다울 수 있으며 총편류의 책은 그 아름다움을 놓친다. 따라서 『시화총귀詩話總龜』나 『시화유편詩話類編』 등의 책은 더 물을 필요도 없을 것이다.

시화는 새로운 뜻을 밝히는 것이 중요하다. 예컨대 여백공(呂伯恭 : 여조겸呂祖謙)의 『시율무고詩律武庫』와 장시가(張時可 : 장자張鎡)의 『시학규범詩學規範』, 왕원미(王元美 : 왕세정王世貞)의 『예원치원藝苑卮言』 등은 대부분 옛사람들의 이야기만 나열해 놓아서 특별히 취할 만한 것이 없다.

판본에 있어서는, 예컨대 명明 호씨(胡氏 : 호문환胡文煥)의 『백가명서百家名書』【서점에서 『격치총서格致叢書』라고도 부른다】는 가장 오류가 많아서 태반이 안본(贗本)[1]에 속한다. 그래도 원대元代의 1~2종만큼은 어느 정도 적합하여, 우선 남겨서 원대의 시화로 구비하였다.

명나라 양승암(楊升菴 : 양신楊愼)의 『단연총록丹鉛總錄』은 안에 시화 4

1 안본(贗本) : 위조한 책 또는 불분명한 내용으로 된 책을 가리킨다.

권이 있고 그 외집外集에 시품詩品 12권이 있는데 오자가 많다. 또한 사무진(謝茂秦 : 사진謝榛)의 『사명시화四溟詩話』 4권은 진짜와 가짜가 절반씩 섞여 있다. 이 2종은 선본善本을 찾아 정정할 때를 기다리려 한다.

책 안의 경피자敬避字[2]는 의례에 따라 바꿔 썼다. 성조인황제묘휘聖祖仁皇帝廟諱의 위 글자는 '원元'으로 쓰고 아래 글자는 '엽爗'으로 썼으며, 세종헌황제묘휘世宗憲皇帝廟諱의 위 글자는 '윤允'으로 쓰고 아래 글자는 '정正'으로 썼고, 황상어명皇上御名의 위 글자는 '굉宏'으로 쓰고 아래 글자는 '역歷'으로 썼다.

속간續刊한 구각서舊刻書들이 오류가 아주 많아서 친구 반몽려潘夢廬의 힘을 빌려 교열을 했다. 하지만 고증해서 바로잡을 수 없는 것은 우선 원래대로 두었다. 감히 억측하여 고치지는 않았다.

이 책의 내용은 육조六朝부터 명나라까지다. 국조(國朝 : 청淸)의 시화는 아직 널리 수집하지 못하여 다음 기회를 기다린다.

야부也夫 하문환 쓰다.

---

2 경피자(敬避字) : 문장 속에서 황제의 이름과 같은 글자가 나타난 경우 다른 글자로 대체하는 것을 말한다.

역대시화 목록

종영(鐘嶸, 梁)의 『시품詩品』
교연(皎然, 唐)의 『시식詩式』
사공도(司空圖, 唐)의 『이십사시품二十四詩品』
우무(尤袤, 宋)의 『전당시화全唐詩話』
구양수(歐陽脩, 宋)의 『육일시화六一詩話』
사마광(司馬光, 宋)의 『온공속시화溫公續詩話』
유반(劉攽, 宋)의 『중산시화中山詩話』
진사도(陳師道, 宋)의 『후산시화後山詩話』
위태(魏泰, 宋)의 『임한은거시화臨漢隱居詩話』
주자지(周紫芝, 宋)의 『죽파시화竹坡詩話』
여본중(呂本中, 宋)의 『자미시화紫微詩話』
허의(許顗, 宋)의 『언주시화彦周詩話』
섭몽득(葉夢得, 宋)의 『석림시화石林詩話』

강유안(强幼安, 宋)의 『당자서문록唐子西文錄』
장표신(張表臣, 宋)의 『산호구시화珊瑚鉤詩話』
갈립방(葛立方, 宋)의 『운어양추韻語陽秋』
주필대(周必大, 宋)의 『이로당시화二老堂詩話』
강기(姜夔, 宋)의 『백석도인시설白石道人詩說』
엄우(嚴羽, 宋)의 『창랑시화滄浪詩話』
장정자(蔣正子, 元)의 『산방수필山房隨筆』
양재(楊載, 元)의 『시법가수詩法家數』
범팽(范梈, 元)의 『목천금어木天禁語』
범팽(范梈, 元)의 『시학금련詩學禁臠』
서정경(徐禎卿, 明)의 『담예록談藝錄』
왕세무(王世懋, 明)의 『예포힐여秇圃擷餘』
주승작(朱承爵, 明)의 『존여당시화存餘堂詩話』
고원경(顧元慶, 明)의 『이백재시화夷白齋詩話』
『역대시화고색歷代詩話考索』

후학後學 하문환

全唐詩話的作者, 天祿琳瑯書目所收元刻本沒有著明作者姓氏, 四庫全書叢目認爲是賈似道門客廖瑩中自唐詩紀事中輯錄.

『전당시화全唐詩話』의 저자에 대하여 『천록임낭서목天祿琳瑯書目』에 수록된 원각본元刻本에서는 그 성씨를 밝히지 않았다. 이에 대해 『사고전서총목四庫全書叢目』에서는 가사도賈似道의 문객門客 요형중廖瑩中이 『당시기사唐詩紀事』에서 수록, 편집했기 때문이라고 했다.

『시품詩品』

양梁 종영鍾嶸

종영鍾嶸, 『시품詩品』 해제

종영(468?~518?)은 자가 중위仲偉이며 원적原籍은 영천穎川 장사長社이다. 부친인 종도鍾蹈는 일찍이 제중군齊中軍 참군參軍이었다. 종영은 어려서부터 학문을 좋아하고 생각이 깊었다. 제 무제武帝 영명永明 3년(485)에 국자생國子生이 되어 『주역』을 깊이 이해해 국자제주國子祭酒 왕검王儉의 눈에 들어서 본주本州 수재秀才에 천거되었다. 제 명제明帝 건무(建武: 494~498) 초에는 남강왕南康王 시랑侍郎이 되어 정책을 상주했지만 채택되지 못했다. 또 제 동혼후東昏侯 영원(永元: 499~501) 말에는 제사도행참군除司徒行參軍이 되었다. 이후 양梁에 들어와서는 양 무제 천감(天監: 502~519) 초, 임천왕臨川王 참군이 되어서 혁신적인 정치를 상주해 중시를 받았다. 천감 10년(511)에는 서중랑西中郎 진안왕晉安王 기실記室이 되었다가 얼마 후 사망했다. 그래서 세상에서는 그를 '종기실'이라 부른다.

종영은 양 무제 천감天監 12년(513) 즈음에 『시품』을 완성했다. 처음에는 상, 중, 하 3권에 각기 소서小序가 있었지만 청대 하문환이 『역대시화』에 수록할 때 처음 하나로 합쳐 전권 앞에 배치했다. 『시품』은 중국 문예사 최초의 시 평론 저작이다. 종영은 오언시가 흥성하던 당시 시 발전의 현실을 직시하고 사언시를 '아음雅音', '정체正體'로 보던 보수적 의식을 깨뜨리는 한편, 『시품』에서 오언시의 창작을 집중적으로 평했다. 예술 표현 방식에서의 오언시의 특징과 장점을 명확히 인식했기에 그는 "오언은 문학에서의 요체에 해당하며, 뭇 장르에서 묘미를 지니고 있다. 그래서 세상의 일반 흐름에 부합된다고 일컬어진다. 그러니 어찌 사실을 지칭하고 형태를 만들어내며 감정을 표현해내고 사실을 그려내는 데 있어 가장 상세하고 절실한 것이지 않겠는가[五言居文詞之要, 是衆作之有滋味者也, 故云會於流俗. 豈不以指事造形, 窮情寫物]"라고 강조했다. 확실히 『시품』의 이론적 성과는 무엇보다도 오언시 창작의 성취에 대한 이론적 결산이다.

『시품』은 한, 위부터 제, 양에 이르는 시인 백이십여 명을 상, 중, 하 삼품으로 나누었다. 상권에서는 무명씨의 「고시古詩」를 비롯해 반첩여, 조식, 유정, 왕찬, 완적, 육기, 반악, 장협, 좌사, 사령운 십일 명을 상품으로, 중권에서는 진가秦嘉, 서숙徐淑, 조비, 혜강, 장화 등 삼십구 명을 중품으로, 하권에서는 반고, 조일趙壹, 조조, 조예, 조표趙彪, 서간, 완우 등 칠십이 명을 하품으로 분류했다. 한 품 안에서는 우열이 아니라 연대에 따라 순서를 정해 서술했지만 가끔 오류도 있다. 그리고 열거한 시인들에 대해 종영은 "청탁淸濁을 구분해 밝히고 장단점을 두루 지적[辨彰淸濁, 掎摭病利]"했을 뿐만 아니라 간결한 언어로 그들의 풍격과 특징을 개괄하고 성취와 결함을 분석하였고 때때로 연원과 계승 관계를 소급해 유파를 구분하기도 했다. 예를 들어 이릉李陵에 관해 논하면서 "그 원류는 『초사』에서 왔다. 문장에 처량함이 많으니, 원이 맺힌 자의 부류이다[其源出於『楚辭』. 文多悽愴, 怨者之流]"라고 했고, 조식에 관해 논하면서는 "그 원류는 「국풍」에서 왔다. 골기가 기묘, 고상하고 문채가 화려하며, 정취는 아정雅正과 원통을 겸하고 체제는 문文과 질質을 모두 갖춰서, 고금에 찬란하고 뭇 사람에 빼어나다[其源出於「國風」. 骨氣奇高, 詞采華茂, 情兼雅怨, 體被文質, 粲溢今古, 卓爾不群]"라고 했다. 확실히 종영은 시인을 평하면서 대체로 핵심을 파악할 줄 알았다. 『시경』과 『초사』를 양대 근원으로 삼아 시 발전의 맥락을 정확히 개괄하여 뛰어난 식견을 과시했다. 그러나 시인의 등급과, 원류에의 귀속에서 적절치 않은 부분도 가끔 발견된다. 대표적으로 도연명과 포조를 중품에, 조조를 하품에 넣은 것이나 도연명의 근원을 응거應璩로 본 것은 후대에 비판을 받았다.

종영은 『시품』 서문과 시인들에 대한 구체적인 평론에서 중요한 시론을 전개했다. 시는 성정을 읊는 것이라는 기본 관념에서 출발해 외부 환경이 시인의 마음속 감정을 촉발하는 작용에 대해 강조하였다. 한편으로 그는 시정詩情이 자연의 사물에 의해 촉발된다는 창작 전통과 이론적 전통을 계승하여 재차 "기는 사물을 움직이고 사물은 사람을 감동시킨다. 그러므로 사람의 성정을 요동시켜 춤과 노래에 나타내게 하며[氣之動物, 物之感人, 故搖蕩性情, 行諸舞詠]", "봄바람, 봄새와 가을달, 가을 매미, 여름 구름, 더위, 비와 겨울 달, 매서운 추위 등은 사계절이 시에 감응된 것들이다[若乃春風春鳥, 秋月秋蟬, 夏云暑雨, 冬月祁寒, 斯四候之感諸詩者也]"라고 천명했다. 다른 한편으로 종영은 시인의 사회적 경력이 감정과 심리상태에 끼치는 깊은 영향을 지적하였다. 그래서 "초나라 신하(굴원)가 변경으로 내쫓기고 한나라 첩(왕소군王昭君)이 궁궐을 떠나며, 뼈가 북방 들판에 널리고 넋이 마른 풀을 따라 날아가며, 창을 짊어지고 먼 국경을 지킬 때 살기가 변방에 넘치고, 변방 군사가 홑옷 입고 떨 때 빈방의 홀어미는 눈물마저 말라버리고, 선비가 노리개 풀고 조정을 떠나 한번 가서는 돌아올 줄 모르고, 여인이 아미를 들고 총애를 받아 두 번 쳐다보면 나라가 기운다는 등의 내용도 있다. 이러한 갖가지 내용들은 모두 마음을 크게 감동시키는데, 시로 진술하지 않으면 어떻게 그 뜻을 펼치며, 노래로 길게 부르지 않으면 어떻게 그 정을 펼칠 수 있겠는가[至於楚臣去境, 漢妾辭宮, 或骨橫朔野, 或魂逐飛蓬 或負戈外戍, 殺氣雄邊, 塞客衣單, 孀閨淚盡, 或士有解佩出朝, 一去忘返, 女有揚蛾入寵, 再盼傾國. 凡斯種種, 感蕩心靈, 非陳詩何以展其義, 非長歌何以騁其情]"라고 했다. 시에서의 사회적 요소를 이처럼 강조하는 견해는, 단지 시가 자연적 요소에 의한 '감물感物'의 결과라는 식의 이론에서 벗어난 중대한 발전이었다.

『시품』은 시 창작 분야에서는 '자연'과 '곧장 내용을 서술할 것(直尋)'을 주장하여 시인이 느낀 바를 말하되 진실한 감정을 표출해야 한다고 요구했다. 그리고 이와 같은 선상에서 '진미眞美'를 해치는 두 가지 병폐에 반대했는데, 그중 하나는 전고의 남용이다. 종영은 시가 성정을 읊는 것을 근본으로 삼는 이상, 용사用事를 귀하게 여기면 안 된다고 생각했다. 그래서 예를 들어, "'그대 그리움이 흐르는 물과 같다[思君如流水]'는 바로 눈앞에 보이는 것이고, '높은 누대에 슬픈 바람이 많다[高臺多悲風]'도 눈에 보이는 것일 뿐이며, '상쾌한 새벽 농산 머리에 오른다[淸晨登隴首]' 역시 고사의 인용 흔적이 전혀 없으며, '밝은 달 쌓인 눈에 비친다[明月照積雪]'에 어찌 경사經史의 내용이 활용되는가. 고금의 훌륭한 시들을 보면, 대부분 보좌나 가차한 것이 아니며 모두 곧장 내용을 서술한 데에서 연유한 것이다['思君如流水', 旣是卽目. '高臺多悲風', 亦惟所見. '淸晨登隴首', 羌無故實. '明月照積雪', 詎出經史. 觀古今勝語, 多非補假, 皆由直尋]"라고 하였다. 그리고 또 하나는 극단적으로 성률聲律을 추구하여 자연스럽고 진실한 감정을 가리는 것이다. 성률론에 천착하는 이들이 많았던 당시의 풍조에 대해 종영은 "왕원장은 그 시작을 열었고, 사조와 심약이 그 물결을 일으켰다. …… 그래서 사류士流들이 추앙하여 정밀함을 힘써 미세한 주름까지 관심을 기울이는 등 서로 능가하려 하였다. 그래서 문장에 구애가 많아 진미眞美를 잃게 했다[王元長創其首, 謝沈約揚其波. …… 於是士流景慕, 務爲精密, 襞積細微, 專相陵架. 故使文多拘忌, 傷其眞美]"고 비판하면서 "나는, 문장은 본디 소리 내어 읽어야 하므로 어색한 것이 없어야 하고, 청탁이 소통되고 언어가 순조로우면 충분하다고 생각한다[余謂文製本須諷讀, 不可蹇礙, 但令淸濁通流, 口吻調利, 斯爲足矣]"라고 자신의 관점을 직접적으로 표명하였다. 결국 시의 성률 문제에 대한 그의 태도는 한마디로 '자연'이라고 요약될 수 있다.

시의 '자미滋味'에 대한 중시도 『시품』의 이론적 공헌 중 하나이다. 이른바 '자미'란 시의 심원하고 유장한 심미적 효과를 뜻한다. 비록 '미味'로 글을 논하는 전통은 종영에게서 처음 시작된 것은 아니지만, 종영의 '자미'는 시의 기본적인 심미 특징으로서 점차 사람들에게 보편적으로 받아들여졌다. 우수한 시는 '자미'가 풍부해야 하고 마땅히 "음미하는 이들로 하여금 끝없는 감상에 젖게 하고 듣는 이들로 하여금 마음을 움직이도록[使味之者無極, 聞之者動心]" 할 수 있어야 한다고 종영은 주장했다. 그가 생각하기에 '자미'의 유무는 시 작품의 예술적 우열을 평가하는 중요한 미적 기준이기도 했다.

이 밖에도 종영은 시의 내용(質)과 형식(文)을 함께 중시했다. 내용의 관점에서 그는 시에는 '풍력風力'이 있어야 한다고 했고, 형식의 관점에서는 '단채丹采'가 있어야 한다고 했다. 그리고 오직 '풍력'과 '단채'가 통일을 이뤄야만 '시의 지극한 경지(詩之至)'에 이르고 '미味'가 생긴다고 보았다. 종영은 시인에 대한 구체적인 평에서도 '풍격'과 '단채'의 결합이라는 원칙을 관철하였다. 예를 들어 「고시古詩」는 "문장은 온화하고 미려하며 뜻은 비통하고 심원하다[文溫以麗, 意悲而遠]"고 칭찬한 반면, 유정劉楨은 "골기가 문보다 지나치고 수식과 윤색이 부족하다[氣過其文, 雕潤恨少]"고 비판하였다.

종영의 『시품』은 후대에 큰 영향을 주었다. 장학성章學誠은 『문사통의文史通義』에서 "시화의 근원은 종영의 『시품』에 근거한다[詩話之源, 本于鍾嶸『詩品』]"라고까지 평했고 『사고전서총목』에서는 "오묘함이 문장을 앞서, 『문심조룡文心雕龍』과 병칭될 만하다[妙過文理, 可與『文心雕龍』竝稱]"라고 하였다.

전해오는 『시품』의 판본은 매우 많다. 가장 오래된 것은 원대의 『산

당선생군서고색山堂先生群書考索』본이며 흔히 보이는 것은 『진체비서津逮秘書』본, 『학진토원學津討源』본, 『역대시화』본 등이다.

시품詩品

양梁 종영鍾嶸

氣之動物, 物之感人, 故搖蕩性情, 行諸舞詠. 照燭三才, 暉麗萬有, 靈祇待之以致饗, 幽微藉之以昭告. 動天地, 感鬼神, 莫近於詩. 昔「南風」之詞, 「卿云」之頌, 厥義夐矣. 夏歌曰 : "陶乎予心." 楚謠曰 : "名予曰正則." 雖詩體未全, 然是五言之濫觴也. 逮漢李陵, 始著五言之目矣. 古詩眇邈, 人世難詳, 推其文體, 固是炎漢之制, 非衰周之倡也. 自王揚枚馬之徒, 詞賦競爽, 而吟詠靡聞. 從李都尉迄班婕妤, 將百年間, 有婦人焉, 一人而已. 詩人之風, 頓已缺喪. 東京二百載中, 惟有班固「詠史」, 質木無文. 降及建安, 曹公父子篤好斯文, 平原兄弟鬱爲文棟, 劉楨王粲爲其羽翼. 次有攀龍托鳳, 自致於屬車者, 蓋將百計. 彬彬之盛, 大備於時矣. 爾後陵遲衰微, 迄於有晉. 太康中, 三張二陸兩潘一左, 勃爾復興, 踵武前王, 風流未沫, 亦文章之中興也. 永嘉時, 貴黃老, 稍尚虛談. 於時篇什, 理過其辭, 淡乎寡味. 爰及江表, 微波尚傳, 孫綽許詢桓庾諸公詩, 皆平典似道德論, 建安風力盡矣. 先是郭景純用俊上之才, 變創其體. 劉越石仗清剛之氣, 贊成厥美. 然彼衆我寡, 未能動俗. 逮義熙中, 謝益壽斐然繼作. 元嘉中, 有謝靈運, 才高詞盛, 富豔難蹤, 固已含跨劉郭, 淩轢潘左. 故知陳思爲建安之傑, 公幹仲宣爲輔. 陸機爲太康之英, 安仁景陽爲輔. 謝客爲元嘉之雄, 顔延年爲輔. 斯皆五言之冠冕, 文詞之命世也. 夫四言, 文約意廣, 取效『風』『騷』, 便可多得. 每苦文繁而意少, 故世罕習焉. 五言居文詞之要, 是衆作之有滋味者也, 故云會於流俗. 豈不以指事造形, 窮情寫物, 最爲詳切者耶. 故詩有三義焉. 一曰興, 二曰比, 三曰賦. 文已盡而意有餘, 興也. 因物喻志, 比也. 直書其事, 寓言寫物, 賦也. 宏斯三義, 酌而用之, 幹之以風力, 潤之以丹彩, 使味之者無極, 聞之者動心, 是詩之至也. 若專用比興, 患在意深, 意深則詞躓. 若但用賦體, 患在意浮, 意浮則文散, 嬉成流移, 文無止泊, 有蕪漫之累矣. 若乃春風春鳥, 秋月秋蟬, 夏云暑雨, 冬月祁寒, 斯四候之感諸詩者也. 嘉會寄詩以親, 離群託詩以怨. 至於楚臣去境, 漢妾辭宮, 或骨橫朔野, 或魂逐飛蓬 或負戈外戍, 殺氣雄邊, 塞客衣單①, 孀閨淚盡, 或士有解佩出朝, 一去忘返, 女有揚蛾入寵, 再盼傾國. 凡斯種種, 感蕩心靈, 非陳詩何以展其義, 非長歌何以騁其情. 故曰 : "『詩』可以群, 可以怨." 使窮賤易安, 幽居靡悶, 莫尙於詩矣. 故詞人作者, 罔不愛好. 今之士俗, 斯風熾矣. 才能勝衣, 甫就小學, 必甘心而馳騖焉. 於是庸音雜體, 人各爲容. 至使膏腴子弟, 恥文不逮, 終朝點綴, 分夜呻吟. 獨觀謂爲警策, 衆睹終淪平鈍. 次有輕薄之徒, 笑曹劉爲古拙, 謂鮑照羲皇上人, 謝朓今古獨步. 而師鮑照終不及"日中市朝滿", 學謝朓劣得"黃鳥度靑枝." 徒自棄於高明, 無涉於文流矣. 觀王公縉紳之士, 每博論之餘, 何嘗不以詩爲口實. 隨其嗜欲, 商搉不同, 淄澠並泛, 朱紫相奪, 喧議競起, 准的無依. 近彭城劉士章, 俊賞之士, 疾其淆亂, 欲爲當世詩品, 口陳標榜. 其文未遂, 感而作焉. 昔九品論人, 『七略』裁士, 校以貴實, 誠多未值. 至若詩之爲技, 較爾可知. 以類推之, 殆均博弈. 方今皇帝, 資生知之上才, 體沈鬱之幽思, 文麗日月, 賞究天人. 昔在貴遊, 已爲稱首. 況八紘旣奄,風靡云蒸, 抱玉者聯肩, 握珠者踵武. 以瞰漢魏而不顧, 呑晋宋於胸中. 諒非農歌轅議, 敢致流別. 嶸之今錄, 庶周旋於閭里, 均之於談笑耳.

① '塞客'原作'寒客', 據談藝珠叢本改.

一品之中, 略以世代爲先後, 不以優劣爲詮次. 又其人旣往, 其文克定. 今所寓言, 不錄存者. 夫屬詞比事, 乃爲通談. 若乃經國文符, 應資博古, 撰德駁奏. 宜窮往烈. 至乎吟詠情性, 亦何貴於用事. "思君如流水", 旣是卽目. "高臺多悲風", 亦惟所見. "淸晨登隴首", 羌無故實. "明月照積雪", 詎出經史. 觀古今勝語, 多非補假, 皆由直尋. 顔延謝莊, 尤爲繁密, 於時化之. 故大明泰始中, 文章殆同書抄. 近任昉王元長等, 詞不貴奇, 競須新事, 爾來作者, 浸以成俗. 遂乃句無虛語, 語無虛字, 拘攣補衲, 蠹文已甚. 但自然英旨, 罕値其人. 詞旣失高, 則宜加事義. 雖謝天才, 且表學問, 亦一理乎. 陸機『文賦』, 通而無貶, 李充『翰林』, 疏而不切, 王微『鴻寶』, 密而無裁, 顔延論文, 精而難曉, 摯虞『文志』, 詳而博贍, 頗曰知言. 觀斯數家, 皆就談文體, 而不顯優劣. 至於謝客集詩, 逢詩輒取, 張騭『文士』, 逢文卽書. 諸英志錄, 並義在文, 曾無品第. 嶸今所錄, 止乎五言. 雖然, 網羅今古, 詞文殆集. 輕欲辨彰淸濁, 掎摭病利, 凡百二十人. 預此宗流者, 便稱才子. 至斯三品升降, 差非定制, 方申變裁, 請寄知者爾.

昔曹劉殆文章之聖, 陸謝爲體貳之才, 銳精研思, 千百年中, 而不聞宮商之辨, 四聲之論. 或謂前達偶然不見, 豈其然乎. 嘗試言之, 古曰詩頌, 皆被之金竹, 故非調五音, 無以諧會. 若"置酒高堂上", "明月照高樓", 爲韻之首. 故三祖之詞, 文或不工, 而韻入歌唱, 此重音韻之義也, 與世之言宮商異矣. 今旣不被管絃, 亦何取於聲律邪. 齊有王元長者, 嘗謂予云: "宮商與二儀俱生, 自古詞人不知之. 唯顔憲子乃云律呂音調, 而其實大謬. 唯見範曄謝莊頗識之耳. 嘗欲進『知音論』, 未就." 王元長創其首, 謝沈約揚其波. 三賢或貴公子孫, 幼有文辯, 於是士流景慕, 務爲精密, 襞積細微, 專相陵架. 故使文多拘忌, 傷其眞美. 余謂文製本須諷讀,不可蹇礙, 但令清濁通流, 口吻調利, 斯爲足矣. 至平上去入, 則余病未能, 蜂腰鶴膝, 閭里已具. 陳思贈弟, 仲宣「七哀」, 公幹思友, 阮籍「詠懷」, 子卿「雙鳧」, 叔夜「雙鸞」, 茂先寒夕, 平叔衣單, 安仁倦暑, 景陽苦雨, 靈運『鄴中』, 士衡「擬古」, 越石感亂, 景純詠仙, 王微風月, 謝客山泉, 叔源離宴, 鮑照戍邊, 太沖「詠史」, 顔延入洛, 陶公詠貧之製, 惠連「擣衣」之作, 斯皆五言之警策者也. 所以謂篇章之珠澤, 文彩之鄧林.

기氣는 사물을 움직이고 사물은 사람을 감동시킨다. 그러므로 사람의 성정性情을 요동시켜 춤과 노래에 나타나게 한다. 삼재(三才 : 천天지地인人)를 비추고 만물을 빛내며 신(靈祇)도 그것에 의해 제물을 받고 보이지 않는 곳(幽微)도 이에 힘입어 분명하게 고해진다. 천지를 움직이고 귀신을 감동시키는 데 있어 시보다 더 좋은 것은 없다. 옛날 「남풍南風」의 사詞와 「경운卿雲」의 송頌은 그 뜻이 심원했다. 하나라 노래에서는 "답답하구나, 내 마음이여[鬱陶乎予心]"라고 하였고, 초楚나라 노래에서는 "나를 부르기를 정칙이라 한다[名余曰正則]"라고 하였다. 시체詩體가 온전치는 못하였지만 오언시五言詩의 시초였다. 이어 한漢나라 이릉李陵에 이르러 비로소 오언시의 면목이 드러나게 되었다. 고시古詩는 미묘하고 아득하여 시대를 자세히 알기 어렵지만 그 문체를 미루어보면 본디 염한(炎漢 : 한나라) 때 지어진 것이지 쇠주(衰周 : 전국시대 말) 때 불린 것이 아니다. 왕포王褒·양웅揚雄·매승枚乘·사마상여司馬相與 등에 의해 사부詞賦가 산뜻해지기는 했지만 시가 지어졌다는 말은 듣지 못했다. 이도위(李都尉 : 이릉)로부터 반첩여(班婕好 : 반희班姬)에 이르기까지 거의 백 년 동안 부인婦人은 한 사람뿐이었고 시인의 기풍이 갑자기 사라져 버렸다. 이어 동한東漢 이백 년 동안에는 오직 반고班固의 「영사詠史」가 있었으나 질박하고 표현이 부족했다. 건안(建安 : 196~220) 이후로는 조공(曹公 : 조조曹操) 부자가 문학을 대단히 좋아하였고, 평원형제(平原兄弟 : 조비曹丕·조식曹植)가 왕성하게 문학의 기둥이 되었으며, 유정劉楨과 왕찬王粲이 그 날개 역을 맡았다. 그다음으로, 중심에 다가가기 위해 스스로 속거屬車[1]로 나온 자가 대략 백여 명이나 되었다. 이 당시에 문학의 성대함이 크게 갖추어졌다. 그 이후로 점차 쇠퇴하여 진晋에 이르렀다. 태강(太康 : 280~289) 연간에 다시 삼장(三張 : 장재張載 · 장협張協 · 장항張亢) · 이륙(二陸 : 육기陸機 · 육운陸雲) · 양반(兩潘 : 반악潘岳 · 반니潘尼) · 일좌(一左 : 좌사左思) 등이 자리를 떨치고 일어나 전왕前王들의 발자취를 이어받아 풍류風流가 그치지 않았으니 역시 문학이 중흥하였다. 영가(永嘉 : 307~312) 시절에는 황로黃老[2]를 중시하여 점차 공허한 이야기(虛談)를 숭상했다. 당시 지어진 시가들은 내용이 표현을 앞서서 담박하고 맛이 적었다. 동진東晋으로 바뀐 뒤에도 그 여파는 계속되어서 손작孫綽 · 허순許詢 · 환온桓溫 · 유량庾亮 등의 시는 모두 따분하기만 하여 마치 도덕론과 유사했다. 건안시대의 힘찬 기풍이 다해버린 것이다. 이에 앞서 곽경순(郭景純 : 곽박郭璞)이 빼어난 재능을 활용하여 시체를 새로 창안하고 유월석(劉越石 : 유곤劉琨)이 맑고 강직한 기개로 그 아름다움을 도와 완성하였다. 그러나 남들은 많고 자신은 적은 격이어서 세상을 움직일 수는 없었다. 의희(義熙 : 405~418) 연간에 이르러서는 사익수(謝益壽 : 사혼謝混)가 주목을 받고 다시 나타났다. 또 원가(元嘉 : 424~453) 연간에는 사령운謝靈運이 있었는데, 재능이 뛰어나고 문장이 성대하여 그 풍부한 상상력과 뛰어난 구사력을 누구도 따르기 어려울 정도였으니, 본디 유곤과 곽박을 포함하고 반악과 좌사를 훨씬 뛰어넘었다. 위의 내용을 통하여 진사왕(陳思王 : 조식)은 건안의 호걸이고 공간(公幹 : 유정) · 중선(仲宣 : 왕찬)은 보좌였으며, 육기는 태강의 영웅이고 안인(安人 : 반악) · 경양(景陽 : 장협)은 보좌였으며, 사객(謝客 : 사령운)은 원가시대의 영웅이고 안연년(顔延年 : 안연지顔延之)은 보좌였음을 알 수 있다. 이들은 모두 오언五言의 우두

1 속거(屬車) : 부거(副車). 제왕이 길을 나설 때 시종들이 타는 수레.

2 황로(黃老) : 황제(黃帝)와 노자(老子)의 병칭. 후세의 도가(道家)에서 이들을 받들어 시조로 삼았기에 도교(道敎)를 의미하기도 한다.

머리로서 문학으로 세상에 명성을 떨쳤다. 사언四言은 문장은 간략하나 의미가 심원하니, 『풍(風 : 시경詩經)』과 『소(騷 : 초사楚辭)』를 본받으면 많은 것을 얻을 수 있다. 하지만 문장만 번잡하고 의미가 풍부하지 못할까 고민스러워 사람들이 거의 익히지 않았다. 오언은 문학의 요체에 해당하며 뭇 장르에서 묘미를 지니고 있다. 그래서 세상의 일반적인 흐름에 맞다고 일컬어진다. 그러니 어찌 사실을 지칭하고 형태를 만들어내며 감정을 표현해내고 사실을 그려내는 데 있어 가장 상세하고 절실한 것이지 않겠는가. 시에는 세 가지 기법(義)이 있으니, 첫 번째는 흥興이라 하고, 두 번째는 비比라 하고, 세 번째는 부賦라고 한다. 글이 끝났는데도 의미에 여운이 남는 것이 흥이고, 사물을 통해 생각을 비유하는 것이 비이며, 사실을 솔직하게 묘사하고 말에 기대어 사물을 있는 그대로 묘사하는 것이 부이다. 이 세 가지 기법을 확대하여 참작해서 사용하되 힘찬 기풍을 근간으로 삼고 화려한 수식으로 윤택하게 하여, 음미하는 자들이 끝없는 감상에 젖게 하고 듣는 이들이 마음이 움직이게 하는 것이 시의 지극한 경지다. 비와 흥만 사용하면 의미가 너무 깊어져서 문장에 차질이 생기는 폐단이 있다. 그리고 부만 사용하면 의미가 너무 들뜬다. 의미가 들뜨면 기쁨에 겨워 정처 없이 노니는 것처럼 문장이 안정감이 없고 난잡하고 산만해지는 폐단이 있다. 예컨대 봄바람・봄새(春風春鳥)와 가을달・가을매미(秋月秋蟬), 여름구름・더위 비(夏雲暑雨)와 겨울달・매서운 추위(冬月祁寒) 등은 사계절이 시에 감응된 것들이다. 즐거운 모임에서는 친근함을 시에 기탁하고 이별의 자리에서는 슬픔을 시에 기탁한다. 그 밖에도 초나라 신하(굴원屈原)가 변경으로 내쫓기고, 한나라 첩(왕소군王昭君)이 궁궐을 떠나며, 뼈가 북방의 들판에 널리고 넋이 마른 풀을 따라 날아가며, 창을 짊어지고 먼 국경을 지킬 때 살기가 변방에 넘치고, 변방 군사가 홑옷 차림으로 떨 때 빈방의 홀어미는 눈물마저 말라버리고, 선비가 노리개를 풀고 조정을 떠나 한번 가서는 돌아올 줄 모르고, 여인이 아미蛾眉를 들고 왕의 총애를 받아 두 번 쳐다보니 나라가 기운다는 등의 내용도 있다. 이런 갖가지 내용들은 모두 마음을 크게 감동시키는데, 시로 진술하지 않으면 어떻게 그 뜻을 펼치고, 노래로 길게 부르지 않으면 어떻게 그 정을 펼칠 수 있겠는가. 그러므로 "시는 무리를 이룰 수 있고 원망할 수 있다"고 한 것이니, 곤궁하고 미천한 이가 쉽게 안정을 얻고 묻혀 사는 이가 번민을 없애는 데 있어 시보다 더 나은 것이 없다. 그래서 문인과 작가들 가운데 시를 사랑하고 좋아하지 않은 이가 없었다. 오늘날 문사들 사이에서도 이런 풍조가 왕성하여, 겨우 옷을 추스르고 소학小學에 나갈 정도의 나이만 돼도 모두 기꺼이 시를 짓겠다고 달려든다. 그리하여 저마다 평범한 운율과 여느 시체들을 수용해 지어낸다. 부유한 자제들은 작품이 정도에 다다르지 못한 것을 수치로 여겨 이른 새벽부터 수정하고 밤늦게까지 신음呻吟하기도 한다. 그럼에도 결국 혼자 보고서 훌륭한 작품이라고 하지만 남들이 보면 평범하고 우둔한 지경에 빠져 있을 뿐이다. 그다음으로는 경박한 무리들이 있어, 조식과 유곤을 기교가 부족하다고 비웃고, 포조鮑照를 복희伏羲시대의 훌륭한 인물이라 하고, 사조謝脁를 고금의 독보적 존재라고 일컫는다. 그러나 포조를 스승으로 삼으면서도 결국 '한낮이 되자 저자가 가득하다[日中市朝滿]'라는 구절에는 미치지 못하고, 사조를 배우고서도 겨우 '꾀꼬리가 푸른 가지를 지난다[黃鳥度靑枝]'는 구절을 얻을 뿐이다. 스스로 고명高明함을 포기하고 문장의 본류에 들지 못한 것이다. 왕공王公과 신하들을 보면 다양하고 깊은 논의를 할 때마다 시로 구실을 삼곤 한다. 하지만 그 기호에 따라 비교하고 측량함이 달라지며 치수淄水와 승수澠水가 나란히 흘러가듯, 붉은색과 자주색이 서로 뒤섞이듯 떠들썩한 의견들이 앞다퉈 일어나서 의지할 만한 기준이 없다. 근래에 팽성彭城 사람 유사장(劉士章 : 류회劉繪)은 감상을 잘 하는 인물인데, 그런 혼란을 싫어하여 오늘날 시를 품평하려는 입장에서 자기 견해를 구술하였다. 그러나 문장을 채 이루지 못하였고 이에 내가 느낀 바가 있어 이 『시품』을 짓는다.

옛날에 구품九品으로 인물을 논평하고 칠략七略으로 인물을 재단한 것은 객관적으로 검토해 보면 정말 온당치 못한 점이 많았다. 그러나 시의 기술은 확연하게 알 수 있으니, 분류하여 추측해 보면 거의 바둑판처럼 분명해진다. 지금의 황제께서는 천부적인 자질에 바탕을 두고 깊은 사고를 체득하여 문장이 해와 달처럼 빛나고 감상도 하늘과 사람을 다 헤아리시니, 지난날 귀인들의 모임에서 이미 으뜸으로 일컬어졌다. 더구나 팔굉(八紘 : 천하)이 이미 안정되어 바람이 휩쓸듯 구름이 피어오르듯 호응하여, 옥을 품은 자들이 어깨를 나란히 하여 나서고 구슬을 쥔 자들이 뒤를 이어 나타나 한과 위를 거들떠보지 않고 진과 송을 가슴속에 삼켰다. 이것이 정말 농부의 노래나 길거리의 논의가 아닐진대 감히 분류해서 논할 수 있겠는가. 나의 지금 이 글은 길거리에 나돌고 담소할 때 거론되기에 족할 뿐이다.

① '塞客'은 원래 '寒客'으로 돼 있었는데 『담예주총談藝珠叢』본에 의거해 고쳤다.

하나의 품品 안에서는 대체로 우열이 아니라 시대 순으로 차례를 매겼다. 또한 작가가 세상을 떠나야만 그 글을 충분히 확정할 수 있으므로 품평을 함에 있어 살아 있는 작가는 품평하지 않았다. 무릇 시를 구성할 때 용사(用事 : 고사故事)를 쓰는 것이 이미 통념이 되었다. 예컨대 국가 경영에 필요한 문장이라면 고사를 널리 활용해야 하고 덕을 기리는 글이나 논박의 상소문을 작성할 때도 선대의 공적을 최대한 활용해야 한다. 그러나 성정을 노래함에 있어서는 어찌 용사가 중요하겠는가. '그대를 그리워함이 흐르는 물과 같다[思君如流水]'는 바로 눈앞에 보이는 것이고, '높은 누대에 슬픈 바람이 많다[高臺多悲風]'도 눈에 보이는 것일 뿐이며, '상쾌한 새벽에 농산 머리에 오른다[淸晨登隴首]'도 고사를 인용한 흔적이 전혀 없으며, '밝은 달이 쌓인 눈에 비친다[明月照積雪]'에도 경사經史의 내용은 활용되지 않았다. 고금의 훌륭한 시들을 보면 대부분 내용을 빌려 쓰지 않고 곧장 서술하였다. 그러나 안연지와 사장謝莊은 아주 번잡하고 조밀한 시를 썼고 당시 사람들은 이에 동화되었다. 그래서 대명(大明 : 457~464) · 태시(泰始 : 465~471) 연간의 시들은 거의 다른 글을 베껴놓은 것과 동일했다. 근래의 임방任昉과 왕원장(王元長 : 왕융王融) 등도 표현의 기발함을 중시하지 않고 새로운 고사만 앞다퉈 사용했다. 그 후로 작가들 사이에서 이런 풍조가 점차 유행하였다. 그리하여 결국 구절마다 허어虛語가 없고 어휘마다 허자虛字가 없이 전고를 통한 보완에만 얽매여 문학을 좀먹는 폐단이 되었다. 자연스럽고 시의가 빼어난 작품을 짓는 사람을 만나기가 거의 어려웠다. 그래도 시어의 표현이 고상함을 잃었다면 마땅히 고사의 의미를 가해야 할 것이며 타고난 재능이 부족하다면 학문이라도 드러내는 것이 아주 의의가 없지는 않을 것이다.

육기의 「문부文賦」는 두루 통하였으나 칭찬과 비판이 없고, 이충李充의 『한림론翰林論』은 트였으나 절실하지 못하고, 왕미王微의 『홍보鴻寶』는 치밀하나 판단이 없고, 안연지의 「논문論文」은 정교하나 난해하고, 지우摯虞의 『문장유별지론文章流別志論』은 상세하면서도 넓고 풍부하니 자못 본질을 파악했다 할 만하다. 이런 작가들은 모두 문체만 담론하였을 뿐, 우열을 드러내지는 않았다. 그리고 사령운의 시선집은 접한 시들을 다 택하였으며, 장즐張騭의 『문사전文士傳』은 만난 문인들을 모두 거론하였다. 이들은 모두 글 자체에만 관심이 있었지 품평에는 뜻이 없었다. 내가 지금 수록한 작품들은 모두 오언시일 뿐이다. 그렇지만 고금을 망라하여 사문詞文들을 거의 수집하였다. 가볍게 청탁淸濁을 구분하여 밝히고 장단점을 두루 지적하고자 했으니 모두 백이십 인이다. 이들은 곧 재자才子라고 일컬을 만하다. 세 가지로 나눠 이들을 품평한 것은 아직 확정할 수 있는 것은 아니니, 새로운 품평과 평가는 식자들에게 맡기려 한다.

옛날 조식과 유정은 문장의 성인이고 육기와 사령운은 버금가는 인재로서 오랜 역사에서 문장에 정성을 쏟고 전념하였다. 그러나 궁상(宮商 : 오음五音)이나 사성四聲에 대해 논한 것은 듣지 못했다. 혹자는 선대의 달인들이 우연히 발견하지 못한 것이라고 하지만 어찌 그것이 사실이겠는가. 시험 삼아 말해보자면 고대 시송詩頌은 모두 음악으로 연주되어, 오음五音으로 조화시키지 않으면 적절히 조화를 이룰 수 없었다. '고당에 술을 마련하고[置酒高堂上]'나 '밝은 달이 높은 누대에 비친다[明月照高樓]' 같은 글은 운韻의 으뜸이다. 그러므로 삼조(三祖 : 태조太祖 조조·고조高祖 조비·열조烈祖 조예曹叡)의 문학은 더러 문장이 세련되지는 못하지만 노래 속에 운율이 들어가 있다. 이는 음운의 의의를 중시한 것이지 세상에서 말하는 궁상과는 다르다. 그런데 지금 관현管絃에도 올리지 못한데, 성률聲律에서 어떻게 취하겠는가. 제나라에 왕원장(왕융)이란 분이 있는데, 일찍이 나에게 "궁상은 이의(二儀 : 음양)와 함께 생겨났지만 옛날부터 문인들이 잘 알지 못했다. 오직 안헌자(顔憲子 : 안연지)가 율려律呂와 음조에 대해 말했지만 그 내용은 크게 잘못된 것이었다. 오직 범엽范曄과 사장만 제대로 인식했을 뿐이다. 나는 일찍이 『지음론知音論』을 짓고 싶었지만 아직 그 뜻을 이루지 못했다"라고 하였다. 왕원장이 그 시작을 열고 사조와 심약沈約이 그 물결을 일으켰다. 일부 귀한 집안의 자손이기도 한 이 삼현(三賢 : 왕융·사조·심약)은 어려서부터 남다른 문장론을 가져서 문사들의 추앙을 받았다. 문사들은 정밀함에 힘써서 미세한 주름까지 관심을 기울이며 서로 능가하려 하였다. 이로 인해 문장에 구애받는 게 많아서 진미眞美를 잃고 말았다. 나는, 문장은 본디 소리 내어 읽어야 하므로 어색한 것이 없고 청탁淸濁이 소통되며 언어가 순조롭기만 하면 충분하다고 생각한다. 나는 안타깝게도 평상거입(平上去入 : 사성四聲)에 대해서는 잘 모르고, 봉요蜂腰[3]나 학슬鶴膝[4]은 이미 일반적으로 잘 알려져 있다. 조식이 아우에게 보낸 「증

3 봉요(蜂腰) : 심약이 거론한 팔병(八病) 가운데 하나로, 오언시에서 2번째 글자와 5번째 글자가 같은 성운(聲韻)의 글자로 되어있는 것을 가리킨다.

4 학슬(鶴膝) : 심약이 거론한 팔병 가운데 하나로, 오언시에서 제1구의 제5자와 제3구의 제5자가 같은 성운의 글자로 되어 있는 것을 가리킨다.

백마왕표贈白馬王彪」, 왕찬의 「칠애七哀」, 유정이 벗을 생각하며 지은 「증서간贈徐幹」, 완적阮籍의 「영회詠懷」, 자경(子卿 : 소무蘇武)의 「쌍부雙鳧, 별이릉別李陵」, 숙야(叔夜 : 혜강嵇康)의 「쌍난雙鸞, 별수재입군贈秀才入軍」, 무선(茂先 : 장화張華)이 추운 밤을 묘사한 작품, 평숙(平叔 : 하안何晏)이 홑옷에 대해 노래한 작품, 반악이 지루한 더위를 묘사한 작품, 장협이 고달픈 비를 묘사한 작품, 사령운의 「업중鄴中」, 사형(士衡 : 육기)의 「의고擬古」, 유곤이 전란의 감회를 묘사한 작품, 곽박이 신선을 노래한 작품, 왕미가 청풍명월清風明月을 노래한 작품, 사령운의 산수시들, 숙원(叔源 : 사혼)이 전별연餞別宴을 노래한 작품, 포조의 변방 작품, 태충(太冲 : 좌사)의 「영사詠史」, 안연지의 낙양 입성에 관한 작품, 도공(陶公 : 도잠陶潛)이 가난을 노래한 것, 사혜련謝惠連의 다듬이질에 관한 작품 등은 모두 오언시의 걸작이다. 그래서 문장의 주택珠澤[5]이요 연못이자 문채의 등림鄧林[6]이라 일컫는다.

---

5 주택(珠澤) : 지명. 사천성 서창현(西昌縣)에 있으며, 구슬이 생산되는 연못이 있어 붙여진 이름이다.

6 등림(鄧林) : 전설상의 아름다운 숲. 과보[夸父]가 버린 지팡이가 변해 이 숲이 되었다는 이야기가 전한다. 『산해경(山海經)』 참고.

상품上品

古詩고시

其體源出於「國風」. 陸機所擬十四首, 文溫以麗, 意悲而遠, 驚心動魄, 可謂幾乎一字千金! 其外 "去者日以疏" 四十五首, 雖多哀怨, 頗爲總雜. 舊疑是建安中曹王所製. "客從遠方來"・"橘柚垂華實", 亦爲驚絶矣! 人代冥滅, 而清音獨遠, 悲夫!

그 체제의 원류는 『국풍(國風 : 시경)』이다. 육기가 모방해 지은 14수는 글이 온화하고 미려하며 뜻이 비통하고 심원하여 사람의 마음을 놀라게 하고 혼백을 동요시키니, 일자천금一字千金에 가깝다고 말할 수 있다. 그 밖에 「거자일이소去者日以疎」 등의 45수는 비록 슬퍼하고 원망하는 경향이 많긴 하지만 자못 두루뭉술하고 어수선해서 이전부터 건안 연간의 조식・왕찬이 지은 것이라고 의심을 받았다. 「객종원방래客從

遠方來」와 「귤유수화실橘柚垂華實」 또한 사람을 놀라게 할 만큼 뛰어난 작품이다. 작가는 어둠 속으로 사라졌는데 청아한 음만 심원하니, 슬프도다!

漢都尉李陵한 도위 이릉

其源出於『楚辭』. 文多悽愴, 怨者之流. 陵, 名家子, 有殊才, 生命不諧, 聲頹身喪. 使陵不遭辛苦, 其文亦何能至此!

그 원류는 『초사』이다. 문장에 처량함이 많으니 원한 맺힌 자의 부류이다. 이릉은 명문가의 자제로 뛰어난 재주가 있었지만 인생이 순탄하지 못하여 명성이 기울고 몸을 망쳤다. 만일 고난을 당하지 않았다면 이릉의 문장이 어찌 이런 경지에 이를 수 있었겠는가.

漢婕妤班姬한 첩여 반희

其源出於李陵. 「團扇」短章, 詞旨淸捷, 怨深文綺, 得匹婦之致. 侏儒一節, 可以知其工矣!

그 원류는 이릉이다. 「단선團扇」이란 짧은 시는 말뜻이 맑고 유창하며 원망이 깊고 문장이 고우니, 필부匹婦의 운치를 잘 표현했다. 주유侏儒[7]의 짧은 글만으로도 그 뛰어남을 알 수 있다.

魏陳思王植위 진사왕 조식

其源出於「國風」. 骨氣奇高, 詞采華茂, 情兼雅怨, 體被文質, 粲溢今古, 卓爾不群. 嗟乎! 陳思之於文章也, 譬人倫之有周・孔, 鱗羽之有龍鳳, 音樂之有琴笙, 女工之有黼黻. 俾爾懷鉛吮墨者, 抱篇章而景慕, 映餘暉以自燭. 故孔氏之門如用詩, 則公幹升堂, 思王入室, 景陽・潘・陸, 自可坐於廊廡之間矣.

그 원류는 『국풍』이다. 골기骨氣[8]가 기묘, 고상하고 문채가 화려하며 정취는 아정雅正과 원망을 겸하고, 체제는 문文과 질質을 모두 갖춰서 고금에 찬란하고 뭇 사람들 중에 빼어나다. 아, 조식은 문장에 있어 마치 사람 중의 주공周公과 공자孔子, 동물 중의 용과 봉황, 악기 중의 금琴과 생황, 여공女工의 보불黼黻[9] 자수와 같다. 문장을 짓고 글씨를 쓰는 자들은 그의 작품을 끌어안고 숭배하며 그가 남긴 광채를 이어받아 스스로 빛나게 하였다. 그러므로 공자 문하의 논리를 시인들에게 적용한다면 유정은 당堂 위에 오른 것이고, 조식은 방 안에 든 것이며, 곽박・반악・육기는 곁채 주변에 앉아 있는 것이라 할 수 있다.

魏文學劉楨위 문학 유정

其源出於『古詩』. 仗氣愛奇, 動多振絶. 眞骨凌霜, 高風跨俗. 但氣過其文, 雕潤恨少. 然自陳思已下, 楨稱獨步.

---

7 주유(侏儒) : 난쟁이. 하찮은 것. 편폭이 짧은 시에 대한 비유이다.

8 골기(骨氣) : 서화(書畵)의 필력이나 시문(詩文)의 기세를 비유한다.

9 보불(黼黻) : 옛날 예복 위에다 놓았던 수. 전하여 유창하고 화려한 문사(文辭)를 뜻한다.

그 원류는 『고시古詩』[10]다. 골기에 기대어 기묘함을 좋아해서 곧잘 빼어난 것이 많다. 진정한 골기는 매서운 서리를 물리치고 고결한 풍격은 세속을 뛰어넘는다. 다만 골기가 표현보다 지나쳐서 수식과 윤색이 부족한 것이 아쉽다. 그러나 조식 이후 독보적이었다고 일컬을 만하다.

魏侍中王粲위 시중 왕찬

其源出於李陵. 發愀愴之詞, 文秀而質羸. 在曹・劉間, 別構一體. 方陳思不足, 比魏文有餘.

그 원류는 이릉이다. 애잔한 글을 썼는데, 표현은 빼어나지만 내용이 빈약하다. 조식과 유정 사이에서 별도로 하나의 문체를 구축했다. 조식에 견주면 부족하지만 조비보다는 남음이 있다.

晉步兵阮籍진 보병 완적

其源出於『小雅』, 無雕蟲之功. 而「詠懷」之作, 可以陶性靈, 發幽思. 言在耳目之內, 情寄八荒之表. 洋洋乎會於『風』・『雅』, 使人忘其鄙近, 自致遠大, 頗多感慨之詞. 厥旨淵放, 歸趣難求. 顏延年注解, 怯言其志.

10 『고시(古詩)』: 『문선(文選)』 권29 잡시부 상(雜詩部 上)에 수록된 작자 미상의 오언고시(五言古詩) 19수.

그 원류는 『소아小雅』[11]이며 세세한 조탁의 공부는 없다. 하지만 저작한 「영회詠懷」는 성령性靈을 도야하고 깊은 생각을 발휘했다고 말할 수 있다. 시어는 이목의 범위 안에 있지만 정취는 세상 밖에 기탁하고 있다. 넘실넘실 『풍風』과 『아雅』에 부합되어 사람들로 하여금 비속함을 잊고 저절로 원대함으로 나아가게 하니, 감개感慨 넘치는 표현이 자못 많다. 또한 뜻이 깊고 넓게 펼쳐져 귀착점을 찾기가 어렵다. 그래서 안연년은 주해를 쓰면서도 그 뜻을 언급하는 것을 피했다.

晉平原相陸機진 평원상 육기

其源出於陳思. 才高詞贍, 擧體華美. 氣少於公幹, 文劣於仲宣. 尚規矩, 不貴綺錯, 有傷直致之奇. 然其咀嚼英華, 厭飫膏澤, 文章之淵泉也. 張公歎其大才, 信矣!

그 원류는 조식이다. 재주가 높고 표현이 풍부하여 시 전체가 화려하고 아름답다. 골기는 공간公幹보다 부족하고 표현은 왕찬보다 못하다. 규칙을 숭상하고 수식을 중시하지 않아서 직접적인 서술의 기묘함을 해친다. 그러나 빼어난 작품을 음미하며 그 정수를 충분히 습득했으니 문장이 마르지 않는 샘물과도 같다. 그가 원대한 재주를 가졌다고 장화가 감탄한 것은 믿을 만하다.

11 『소아(小雅)』: 『시경』의 편명이다.

晉黃門郎潘岳 진 황문시랑 반악

其源出於仲宣. 『翰林』嘆 : "其翩翩然如翔禽之有羽毛, 衣服之有綃縠, 猶淺於陸機." 謝混云 : "潘詩爛若舒錦, 無處不佳, 陸文如披沙簡金, 往往見寶." 嶸謂 : "益壽輕華, 故以潘爲勝, 『翰林』篤論, 故歎陸爲深. 余常言陸才如海, 潘才如江."

그 원류는 왕찬이다. 『한림론翰林論』[12]에서 "경쾌함이 마치 날짐승에 깃털이 있고 의복에 비단이 있는 것과 같지만 육기보다는 천박하다"고 하였다. 사혼은 이르기를 "반악의 시는 비단을 펼친 것처럼 찬란하여 아름답지 않은 부분이 없고, 육기의 문장은 모래를 헤치고 황금을 추리는 것처럼 이따금 보물을 볼 수 있다"고 하였다. 나는 이르기를 "사혼은 가볍고 화사하므로 반악을 우세하다고 한 것이고, 『한림론』이 정확하게 논평하여서 육기가 심원하다고 감탄한 것이다. 나는 늘 육기의 재주는 바다와 같고 반악의 재주는 강과 같다고 말한다"라고 하였다.

晉黃門郎張協 진 황문시랑 장협

其源出於王粲. 文體華淨, 少病累. 又巧構形似之言, 雄於潘岳, 靡於太仲. 風流調達, 實曠代之高手. 調采蔥菁, 音韻鏗鏘, 使人味之亹亹不倦.

12 『한림론(翰林論)』: 동진(東晋) 이충(李充)의 저서이다.

그 원류는 왕찬이다. 문체가 곱고 맑아서 결점이 적다. 또 형상을 유사하게 묘사한 표현을 잘 엮어서 반악보다 웅장하고 좌사보다 미려하다. 풍류가 조화롭고 유창하니 실로 세상에 드문 고수이다. 문채가 풍부하고 운율이 조화를 이뤄 사람을 깊이 젖어들게 한다.

晉記室左思진 기실 좌사

其源出於公幹. 文典以怨, 頗爲精切, 得諷諭之致. 雖野於陸機, 而深於潘岳. 謝康樂嘗言 : "左太沖詩, 潘安仁詩, 古今難比."

그 원류는 유정이다. 문장이 전아典雅하지만 원망이 스며서 자못 절실한 까닭에 풍유의 본질을 터득했다. 육기보다는 조악하지만 반악보다는 깊다. 일찍이 사강락(謝康樂 : 사령운)이 이르기를 "좌사의 시와 반악의 시는 고금에 견줄 자를 찾기 어렵다"라고 하였다.

宋臨川太守謝靈運송 임천태수 사령운

其源出於陳思, 雜有景陽之體. 故尚巧似, 而逸蕩過之, 頗以繁蕪爲累. 嶸謂若人興多才高, 寓目輒書, 內無乏思, 外無遺物, 其繁富宜哉! 然名章迥句, 處處間起, 麗典新聲, 絡繹奔會. 譬猶青松之拔灌木, 白玉之映塵沙, 未足貶其高潔也. 初, 錢塘杜明師夜夢東南有人來入其館, 是夕, 即靈運生於會稽. 旬日, 而謝玄亡. 其家以子孫難得, 送靈運於杜治養之. 十五方還都, 故名 "客兒."

【治, 音稚. 奉道之家靖室也】

그 원류는 조식이지만 장협의 문체가 섞여 있다. 그래서 교묘하고 유사한 묘사를 숭상하면서도 지나치게 거침이 없어 자못 번거로운 폐단이 있다. 이런 사람은 흥취가 많고 재능이 높아서 눈에 보이는 대로 바로 쓰며, 안에 생각의 결핍이 없고 밖으로 사물을 빠뜨림이 없으니 풍부한 것이 당연하다고 나는 생각한다. 그런데도 뛰어난 장과 구절이 곳곳에서 출현하고 곱고 전아한 새 노래가 끊이지 않고 모인다. 마치 푸른 소나무가 관목들 사이에서 빼어나고 백옥이 흙먼지 속에서 빛을 발하는 것과 같아서 그 고결함을 폄훼할 수 없다. 애초에 전당錢唐 두명사杜明師가 동남쪽에서 누가 집에 들어오는 꿈을 밤에 꾸었는데, 이날 저녁 사령운이 회계會稽에서 태어났다. 그리고 열흘 뒤 사현謝玄이 세상을 떠났다. 그 집안에서는 자손을 얻기가 어려울 것이라고 생각하여 사령운을 두치杜治에 보내 양육시켰다. 그는 십오 세에 비로소 수도로 돌아왔으므로 '객아客兒'라고 불렸다.

【치治는 음이 치稚이다. 도교를 믿는 청정한 집안이었다】

중품中品

漢上計秦嘉 嘉妻徐淑한 상계 진가, 진가의 처 서숙

夫妻事既可傷, 文亦悽怨. 爲五言者, 不過數家, 而婦人居二. 徐淑敘別之作, 亞於「團扇」矣.

부부가 안타까운 일을 겪었는데 문장 또한 처연하고 원망이 담겼다. 오언시를 지은 이들이 얼마 되지 않는데 그중에 부인이 둘을 차지한다. 서숙이 이별을 서술한 작품은 「단선團扇」[13]에 버금간다.

13 「단선(團扇)」: 한 성제(漢成帝)의 궁인 반첩여(班倢伃)가 지은 시이다. 여름에 사랑을 받다가 가을이 되면 버려지는 부채에 자신의 처지를 비유한 내용으로 이루어져있다. 『문선』 권27에 「원가행(怨歌行)」이라는 제목으로 수록되어 있다.

魏文帝위 문제

其源出於李陵, 頗有仲宣之體則. 則所計百許篇, 率皆鄙質如偶語. 惟"西北有浮雲" 十餘首, 殊美贍可玩, 始見其工矣. 不然, 何以銓衡群彦, 對揚厥弟者邪?

그 근원은 이릉이며 자못 왕찬의 틀과 규칙을 갖고 있다. 남긴 백 편은 대체로 통속적이고 질박해서 일상의 이야기와 같다. 다만 「서북유부운西北有浮雲」 등 십여 수는 아주 아름다움이 넘쳐서 감상할 만하니 비로소 그 뛰어남을 볼 수 있다. 그렇지 않고서야 어떻게 뭇 문인들을 논평하고 아우(조식)와 대적할 수 있었겠는가.

晉中散嵇康진 중산대부 혜강

頗似魏文. 過爲峻切, 訐直露才, 傷淵雅之致. 然託喻淸遠, 良有鑒裁, 亦未失高流矣.

자못 위 문제와 흡사하다. 지나치게 준엄하고 사실적이며, 솔직함을 들추고 재주를 노출시켜서 깊고 전아한 멋을 손상시켰다. 그러나 의탁과 풍유가 청원淸遠하고 실로 감상과 평가의 능력이 있으니 역시 고상한 기풍의 자리를 잃지 않았다.

晉司空張華 진 사공 장화

其源出於王粲. 其體華艶, 興託不奇, 巧用文字, 務爲妍冶. 雖名高曩代, 而疏亮之士, 猶恨其兒女情多, 風雲氣少. 謝康樂云 : "張公雖復千篇, 猶一體耳." 今置之中品疑弱, 處之下科恨少, 在季・孟之間矣.

그 근원은 왕찬이다. 문체가 화려하고 곱지만 흥취와 의탁은 기발하지 못하다. 문자를 교묘하게 운용하여 곱게 단련하는 것을 힘썼다. 지난 시대에 이름이 높긴 했지만 소탈하고 진실한 문인들은 그의 작품에 아녀자의 감정이 많고 풍운의 기개가 부족한 것을 안타깝게 생각했다. 사령운은 이르기를 "장공張公은 천 편을 다시 짓더라도 똑같을 것이다"라고 하였다. 지금 그를 중품에 두려니 못 미칠까 우려되고 하품에 두자니 낮은 평가라는 아쉬움이 있다. 그 중간에 해당된다 하겠다.

魏尙書何晏晉馮翊守孫楚 晉著作王讚 晉司徒掾張翰 晉中書令潘尼 위 상서 하안, 진 풍익태수 손초, 진 저작랑 왕찬, 진 사도연 장한, 진 중서령 반니

平叔鴻鵠之篇, 風規見矣. 子荊零雨之外, 正長朔風之後, 雖有累札, 良亦無聞. 季鷹黃華之唱, 正叔綠之章, 雖不具美, 而文彩高麗, 並得虯龍片甲, 鳳凰一毛. 事同駁聖, 宜居中品.

하안의 「홍곡鴻鵠」편에서는 풍간諷諫이 보인다. 자형(子荊 : 손초)의 「영우零雨」 외에, 또 정장(正長 : 왕찬)이 「삭풍朔風」 외에 여러 작품들이 있다고 하지만 실제로 본 적은 없다. 계응(季鷹 : 장한)의 「황화黃華」와 정숙(正叔 : 반니)의 「연번綠繁」은 아름다움을 구비하지는 못했지만 문채文彩가

고상하고 미려하다. 모두 규룡虯龍의 한 조각 껍질과 봉황의 깃털 하나를 얻었다. 높은 품격과 낮은 품격이 뒤섞였으니 중품에 두는 것이 마땅하다.

魏侍中應璩위 시중 응거

祖襲魏文. 善爲古語, 指事殷勤, 雅意深篤, 得詩人激刺之旨. 至於"濟濟今日所", 華靡可諷味焉.

멀리 위 문제를 답습하고 고어古語를 잘 사용하였다. 사건의 묘사가 은근하며 전아한 뜻이 깊고 돈독해서 격렬하게 풍자하는 시인의 본지를 터득했다. 「제제금일소濟濟今日所」는 화사해서 음미할 만하다.

晉淸河守陸雲 晉侍中石崇 晉襄城太守曹攄 晉朗陵公何劭

진 청하태수 육운, 진 시중 석숭, 진 양성태수 조터, 진 낭릉공 하소

淸河之方平原, 殆如陳思之匹白馬. 於其哲昆, 故稱二陸. 季倫·顏遠, 並有英篇. 篤而論之, 朗陵爲最.

청하(淸河 : 육운)를 평원(平原 : 육기)에 견주는 것은 조식을 백마(白馬 : 조표)와 대응시키는 것과 같다. 그 현철賢哲한 형 때문에 '이륙二陸'이라 병칭된다. 계륜(季倫 : 석숭)과 안원(顔遠 : 조터)도 다 좋은 작품을 남겼다. 그

들을 분명하게 따져 논한다면 낭릉(朗陵 : 하소)이 최고이다.

晉太尉劉琨 晉中郎盧諶진 태위 유곤, 진 중랑장 노심

其源出於王粲. 善爲悽戾之詞, 自有清拔之氣. 琨旣體良才, 又罹厄運, 故善敘喪亂, 多感恨之詞. 中郎仰之, 微不逮者矣.

그 근원은 왕찬이다. 몹시 구슬픈 시를 잘 지었으며 스스로 청초한 기상을 가졌다. 유곤은 원래 좋은 자질을 갖고 태어났을 뿐더러 액운까지 당한 탓에 난리의 상실을 잘 서술하고 원한 어린 구절을 많이 남겼다. 중랑(中郎 : 노심)은 그를 우러러보았지만 약간 미치지 못하였다.

晉弘農太守郭璞진 홍농태수 곽박

憲章潘岳, 文體相輝, 彪炳可玩. 始變永嘉平淡之體, 故稱中興第一. 『翰林』以爲詩首. 但「遊仙」之作, 詞多慷慨, 乖遠玄宗. 而云 : "柰何虎豹姿." 又云 : "戢翼棲榛梗." 乃是坎壈詠懷, 非列仙之趣也.

반악을 법으로 삼았다. 문체가 빛을 발하고 뚜렷한 색채가 감상할 만해서 영가시대의 평범한 시체를 변모시켰으므로 중흥의 제일이라 일컬어진다. 『한림론』에서도 시인의 우두머리라고 했다. 다만 「유선遊仙」은 강개慷慨한 표현이 많아 현종(玄宗 : 도가)의 원리에 크게 어긋난다. 그 가운데 "호표의 자태를 어찌하랴[柰何虎豹姿]"라고 하고 또 "날개를

접어 가시나무 작대에 깃든다[戢翼栖榛梗]"라고 한 것은 불우한 처지의 감회를 읊은 것이니 신선류의 내용이 아니다.

晉吏部郎袁宏 진 이부시랑 원핑

彦伯「詠史」, 雖文體未遒, 而鮮明緊健, 去凡俗遠矣.

언백(彦伯 : 원핑)의 「영사詠史」는 문체가 빼어나지는 않아도 선명하고 강건하여 범속함을 많이 벗어났다.

晉處士郭泰機 晉常侍顧愷之 宋謝世基 宋參軍顧邁 宋參軍戴凱 진 처사 곽태기, 진 산기상시 고개지, 송 사세기, 송 참군 고매, 송 참군 대개

泰機寒女之製, 孤怨宜恨. 長康能以二韻答四首之美. 世基橫海, 顧邁鴻飛. 戴凱人實貧羸, 而才章富健. 觀此五子, 文雖不多, 氣調警拔, 吾許其進, 則鮑照・江淹未足逮止. 越居中品, 僉曰宜哉.

곽태기의 작품 「한녀寒女」는 고독과 원망이 들어 있어 한스러운 것이 마땅하고 장강(長康 : 고개지)은 2운韻의 시로 4수의 아름다운 작품에 답했다. 사세기는 「횡해橫海」, 고매는 「홍비鴻飛」를 남겼다. 대개는 실로 가난하고 여위었지만 재능이 풍부하고 건장했다. 이 다섯 사람은 작품이 많지는 않지만 기풍이 남다른데, 내가 그들의 진보를 인정한다면 포조나 강엄江淹도 족히 미칠 수 없을 것이다. 중품에 넣어도 모두 마땅하다 할 것이다.

宋徵士陶潛송 징사 도잠

其源出於應璩, 又協左思風力. 文體省淨, 殆無長語. 篤意眞古, 辭興婉愜. 每觀其文, 想其人德. 世歎其質直. 至如"懽言醉春酒"·"日暮天無雲", 風華淸靡, 豈直爲田家語邪? 古今隱逸詩人之宗也.

그 근원은 응거이며 좌사의 풍력風力[14]도 함께 들어 있다. 문체가 간략하고 조용하며 긴 표현이 거의 없다. 독실한 뜻이 진실하고 예스러우며 글의 흥취가 완곡하면서도 만족스럽다. 그의 글을 볼 때마다 내면의 품성을 떠올리게 된다. 세인들은 그의 질박하고 솔직함을 감탄한다. "기쁘게 봄술에 취하고[歡言酌春酒]", "해가 저물자 하늘에 구름이 없다[日暮天無雲]" 등은 기풍이 맑고 화사하니 어찌 농부의 말이라고 할 수 있겠는가. 고금의 은둔 시인의 으뜸이다.

宋光祿大夫顔延之송 광록대부 안연지

其源出於陸機. 尙巧似. 體裁綺密, 情喩淵深, 動無虛散, 一句一字, 皆致意焉. 又喜用古事, 彌見拘束, 雖乖秀逸, 是經綸文雅才. 雅才減若

14 풍력(風力) : 문장에서의 풍골(風骨)과 필력(筆力)을 가리킨다.

人, 則蹈於困躓矣. 湯惠休曰 : "謝詩如芙蓉出水, 顏如錯彩鏤金." 顏終身病之.

그 근원은 육기이며 교묘하고 흡사한 묘사를 숭상했다. 체재體裁가 곱고 치밀하며 감정의 비유가 깊어서 군더더기가 별로 없고, 한 구절 한 글자에 모두 의미가 담겨 있다. 또 고사를 즐겨 사용하여 많이 구속된 탓에 탁월하지는 못하지만 흐름을 파악하는 맵시와 고아함을 갖춘 인재였다. 고아한 재능이 남보다 적었다면 궁지와 좌절에 빠졌을 것이다. 탕혜휴湯惠休는 "사령운의 시는 부용芙蓉이 물 위에 나와 있는 듯하고, 안연지는 채색을 입히고 황금을 새겨 넣은 것 같다"라고 말했는데, 안연지는 일생 동안 이것을 아픔으로 여겼다.

宋豫章太守謝瞻 宋僕射謝混 宋太尉袁淑 宋徵君王微 宋征虜將軍王僧達
송 예장태수 사첨, 송 복야 사혼, 송 태위 원숙, 송 징군 왕미, 송 정로장군 왕승달

其源出於張華. 才力苦弱, 故務其清淺, 殊得風流媚趣. 課其實錄, 則豫章僕射, 宜分庭抗禮. 徵君・太尉, 可託乘後車. 征虜卓卓, 殆欲度驊騮前.

그 근원은 장화이다. 안타깝게도 재능과 역량이 빈약했기에 청신하고 일상적인 기풍에 힘써서 특별히 풍류와 정취를 터득했다. 실제 기록들을 검토하여 보면 예장(豫章 : 사첨)과 복야(僕射 : 사혼)는 대등하게 마주해 예禮를 표하는 위치이고, 징군(徵君 : 왕미)과 태위(太尉 : 원숙)는 뒤 수레[15]에 태울 만하며, 정로(征虜 : 왕승달)는 화류마驊騮馬[16] 앞을 지나려는 기세를 가졌다.

宋法曹參軍謝惠連송 법조참군 사혜련

小謝才思富捷, 恨其蘭玉夙凋, 故長轡未騁. 「秋懷」·「擣衣」之作, 雖復靈運銳思, 亦何以加焉. 又工爲綺麗歌謠, 風人第一. 『謝氏家錄』云 : "康樂每對惠連, 輒得佳語. 後在永嘉西堂, 思詩竟日不就. 寤寐間忽見惠連, 卽成'池塘生春草.' 故嘗云 : '此語有神助, 非吾語也.'"

소사(小謝 : 사혜련)는 재능과 사고가 풍부하고 민첩하였지만 안타깝게도 지란芝蘭·옥수玉樹[17]의 바탕이 일찍 시들어버렸으므로 긴 말고삐를 맘껏 휘둘러 달리지는 못하였다. 「추회秋懷」·「도의擣衣」 같은 작품들은 사령운의 예리한 시상으로도 어찌 더 보탤 수 있었겠는가. 더욱이 곱고 미려한 노래들을 잘 짓는 데 있어서는 민요풍 시인 중에서도 제일이었다. 『사씨가록謝氏家錄』에 "사강락은 사혜련을 만나면 이내 좋은 시어를 얻었다. 나중에 영가永嘉의 서당西堂에서 시상에 잠겼다가 하루해가 다하도록 시를 완성하지 못했는데, 비몽사몽간에 혜련을 보자 바로 '연못에 봄풀이 자란다[池塘生春草]'라는 구절을 완성했다. 그래서 일찍이 이르기를 '이 말은 신의 도움이 있었던 것이니, 나의 말이 아니다'라고 하였다"라고 적혀 있다.

---

15 뒤 수레 : 주군을 보좌할 만한 인물. 주 문왕(周文王)이 위수(渭水)에서 강태공(姜太公)을 만나 뒤 수레에 태우고 돌아와 재상으로 삼은 데에서 유래한다.

16 화류마(驊騮馬) : 주 목왕(周穆王)의 팔준마(八駿馬) 중 하나로 천리마를 가리킨다.

17 지란(芝蘭)·옥수(玉樹) : 훌륭한 자손을 비유한 말이다. 진(晉)나라 사안(謝安)이 "어찌하여 사람들은 자기 자제가 출중하기를 바라는가?"라고 하자, 그의 조카 사현(謝玄)이 "마친 지란과 옥수가 자기 집 뜰에서 자라기를 바라는 것과 같다"라고 한 데에서 유래한다.

宋參軍鮑照 송 참군 포조

其源出於二張, 善製形狀寫物之詞. 得景陽之諔詭, 含茂先之靡嫚. 骨節强於謝混, 驅邁疾於顔延. 總四家而擅美, 跨兩代而孤出. 嗟其才秀人微, 故取湮當代. 然貴尙巧似, 不避危仄, 頗傷淸雅之調. 故言險俗者, 多以附照.

그 근원은 장협과 장화이며 형상을 그리고 사물을 묘사하는 시를 잘 지었다. 장협의 기이함을 얻고 장화의 곱고 아름다움을 가졌다. 뼈대는 사혼보다 강하고 세찬 기세는 안연지보다 빠르다. 사가(四家 : 장협 · 장화 · 사혼 · 안연지)를 총괄하여 아름다움을 차지했고 양대(兩代 : 진陳 · 송)을 뛰어넘어 홀로 출중하였다. 안타깝게도 재주가 빼어난 데 반해 신분이 미천했으므로 당대에 파묻히고 말았다. 그런데 교묘하고 흡사한 것을 숭상한 나머지 위태롭고 치우치는 바람에 자못 청아淸雅한 격조를 손상시켰다. 그래서 난해하고 저속한 작품을 짓는 이들은 대부분 포조를 따랐다.

齊吏部謝朓 제 이부랑 사조

其源出於謝混, 微傷細密, 頗在不倫. 一章之中, 自有玉石, 然奇章秀句, 往往警遒, 足使叔源失步, 明遠變色. 善自發詩端, 而末篇多躓, 此意銳而才弱也, 至爲後進士子之所嗟慕. 朓極與余論詩, 感激頓挫過其文.

그 근원은 사혼이다. 세밀함이 조금 지나쳐 흠이 되고 자못 순차가 정연하지 못한 면이 있다. 한 장章 안에 옥과 돌이 다 섞여 있긴 하지만,

기발한 장章과 빼어난 구절이 이따금 깜짝 놀랄 정도로 빼어나서 사혼으로 하여금 걸음을 멈추게 하고 명원(明遠 : 포조)으로 하여금 안색을 바꾸게 하기에 충분했다. 시의 발단은 잘 지어내지만 말미에 차질이 많았으니 생각은 예리하나 재능이 빈약했던 탓이다. 후대의 문인들이 감탄하고 흠모하는 대상이 되기는 했다. 사조는 나와 극렬하게 시를 논했는데, 감정의 기복이 자신의 글보다 앞섰다.

齊光祿江淹 제 광록대부 강엄

文通詩體總雜, 善於摹擬, 筋力於王微, 成就於謝朓. 初, 淹罷宣城郡, 遂宿冶亭, 夢一美丈夫, 自稱郭璞, 謂淹曰 : "我有筆在卿處多年矣, 可以見還." 淹探懷中, 得五色筆以授之. 爾後爲詩, 不復成語, 故世傳江淹才盡.

문통(文通 : 강엄)의 시체는 뒤섞여 어수선하고 모방에 뛰어나다. 왕미에서 근력筋力을 취하고 사조에서 성취를 이루었다. 일찍이 강엄이 선성군宣城郡에서 물러나 야정冶亭에 묵을 때였다. 어느 날 꿈을 꾸는데 건장한 사람이 나타나 자신을 곽박이라 칭하고 이르기를 "내가 갖고 있던 붓이 경의 처소에 있은 지 오래이니 돌려주는 것이 좋겠다"라고 했다. 강엄이 품속을 더듬어 오색 붓을 찾아 내주었다. 그런데 그 뒤로는 시를 지으려고 해도 완성하지 못했으므로 세상에서는 강엄의 재능이 다했다고 했다.

梁衛將軍范雲 梁中書郎邱遲양 위장군 범운, 양 중서랑 구지

范詩清便宛轉, 如流風迴雪. 邱詩點綴映媚, 似落花依草. 故當淺於江淹, 而秀於任昉.

범운의 시는 맑고 편안하면서도 완만해서 바람에 눈이 흩날리는 듯하다. 구지의 시는 빛나는 아름다움이 점철되어서 떨어진 꽃이 풀에 기댄 듯하다. 그러므로 강엄보다는 얕고 임방보다는 빼어나다고 해야겠다.

梁太常任昉양 태상박사 임방

彦昇少年爲詩不工, 故世稱沈詩任筆, 昉深恨之. 晩節愛好旣篤, 文亦遒變. 若銓事理, 拓體淵雅, 得國士之風, 故擢居中品. 但昉旣博物, 動輒用事, 所以詩不得奇. 少年士子, 效其如此, 弊矣.

언승(彦昇 : 임방)이 소년시절에 지은 시가 좋지 못하여 세인들이 '심약의 시', '임방의 문'이라 평가하는 바람에 임방은 매우 한스러워했다. 만년에는 시에 대한 애착이 독실하였을 뿐더러 문장도 완전히 변화하였다. 사물의 이치를 저울질하듯 깊고 전아한 시체를 새로 개척해 국사國士로서의 풍모를 터득했으므로 '중품'에 발탁하였다. 다만 임방은 박식해서 곧잘 전고를 사용한 탓에 시가 기발하지 못하다. 젊은 문인들이 이를 본받으면 폐단이 될 것이다.

梁左光祿沈約양 좌광록대부 심약

觀休文衆製, 五言最優. 詳其文體, 察其餘論, 固知憲章鮑明遠也. 所以不閑於經綸, 而長於淸怨. 永明相王愛文, 王元長等皆宗附之. 約於時謝朓未遒, 江淹才盡, 范雲名級故微, 故約稱獨步. 雖文不至其工麗, 亦一時之選也. 見重閭里, 誦詠成音. 嶸謂約所著旣多, 今翦除淫雜, 收其精要, 允爲中品之第矣. 故當詞密於范, 意淺於江也.

휴문(休文 : 심약)의 여러 작품들 중 가장 우수한 것은 오언시다. 그의 문체를 상세히 살피고 그의 논평을 세심히 살펴보면 실로 포명원(鮑明遠 : 포조)를 법으로 삼았음을 알 수 있다. 그래서 전체를 아우르는 경륜經綸의 글에 익숙지 못하고 세심한 정이 담긴 청원淸怨한 글에 뛰어났다. 영명(永明 : 483~493) 연간의 재상宰相 경릉왕(竟陵王 : 소자량蕭子良)이 그의 글을 사랑했고 왕원장(왕융) 등도 그를 존경하며 따랐다. 당시 사조는 아직 성숙하지 못했고 강엄은 시의 재능이 다했으며 범운은 명성과 직급이 본디 한미했으므로 심약이 독보적인 존재로 일컬어졌다. 글이 기교 있고 미려하지는 못했으나 역시 한 시대의 손꼽을 만한 인물이다. 일반 사람들에게서 중시를 받았으며 읊조리면 곧 음악이 되었다. 그는 저술이 워낙 많은데, 지금 부산한 것들을 버리고 정수만 선정한다면 마땅히 '중품'의 품계에 이를 것이라고 나는 생각한다. 그러므로 시어는 범운보다 치밀하지만 함의는 강엄보다 얕다고 해야 할 것이다.

하품下品

漢令史班固 漢孝廉酈炎 漢上計趙壹

한 난대영사 반고, 한 효렴 역염, 한 상계 조일

孟堅才流, 而老於掌故. 觀其「詠史」, 有感歎之詞. 文勝託詠靈芝, 懷寄不淺. 元叔散憤蘭蕙, 指斥囊錢. 苦言切句, 良亦勤矣. 斯人也, 而有斯困, 悲夫!

맹견(孟堅 : 반고)은 재능 있는 사람이며 전고에 노숙하다. 「영사詠史」를 보면 감탄의 내용이 들어 있다. 문승(文勝 : 역염)은 '영지靈芝'에 대해 읊었는데 기탁한 회포가 얕지 않다. 원숙(元叔 : 조일)은 '난혜蘭蕙'에 울분을 발산하고 '낭전'(囊錢 : 돈)을 지적하여 질책했는데, 고충어린 표현과 절절한 구절이 실로 가슴 저린다. 이들에게 이런 곤경이 있었으니 슬픈 일이다.

魏武帝 魏明帝위 무제, 위 명제

曹公古直, 甚有悲涼之句. 叡不如丕, 亦稱三祖①.

① '二'原作'三', 據『珠叢』本改.

조공(曹公 : 조조)은 고졸하고 솔직하여 슬프고 처량한 구절이 매우 많다. 조예는 조비만 못하지만 또한 '삼조三祖'라 일컬어진다.

① '三'은 본래 '二'로 되어 있었는데, 『담예주총談藝珠叢』본에 의거하여 고쳤다.

魏白馬王彪 魏文學徐幹위 백마왕 조표, 위 문학 서간

白馬與陳思答贈, 偉長與公幹往復, 雖曰"以莛叩鐘", 亦能閑雅矣.

백마왕과 진사왕(조식)의 증답贈答과, 위장(偉長 : 서간)과 공간(公幹 : 유정)의 왕래는 풀줄기로 종을 두드린 격[18]이지만 역시 여유롭고 고아하다.

18 풀줄기로 종을 두드린 격 : 얕은 식견으로 사물을 짐작한다는 말이다. 한나라의 동방삭(東方朔)이 객의 힐난에 답하며 "대롱으로 하늘을 엿보고, 표주박으로 바다를 측량하고, 마른 줄기로 종을 친다[以筦窺天, 以蠡測海, 以莛撞鍾]"고 한 말에서 유래한다.

魏倉曹屬阮瑀 晋頓邱太守歐陽建 晋文學應璩 晋中書令嵇含 晋河南太守阮侃 晋侍中嵇紹 晋黃門棗據

위 창조속 완우, 진 돈구태수 구양건, 진 문학 응거, 진 중서령 혜함, 진 하남태수 완간, 진 시중 혜소, 진 황문시랑 조거

元瑜・堅石七君詩, 並平典, 不失古體. 大檢似, 而二嵇微優矣.

원유(元瑜 : 완우)・견석(堅石 : 구양건) 등 일곱 분의 시는 모두 평범하고 단조롭지만 예스러운 문체를 잃지 않았다. 대체적인 모습은 비슷하지만 이혜(二嵇 : 혜함・혜소)가 조금 더 낫다.

晋中書張載 晋司隷傅玄 晋太僕傅咸 晋侍中 晋散騎常侍夏侯湛

진 영저작 장재, 진 사예교위 부현, 진 사예 부함, 진 시중 무습, 진 산기상시 하후담

孟陽詩, 乃遠慚厥弟, 而近超兩傳. 長虞父子, 繁富可嘉. 孝沖雖曰後進, 見重安仁. 熙伯「挽歌」, 唯以造哀爾.

맹양(孟陽 : 장재)의 시는 그 동생에게 대단히 부끄러울 정도이지만 양부(兩傅 : 부현・부함)보다는 약간 낫다. 장우(長虞 : 부함) 부자는 화려하고 풍부한 것이 가상하다. 효충(孝若 : 하후담)은 후진이긴 하지만 안인(반악)으로부터 중시 받았다. 희백(熙伯 : 무습)의 만가挽歌는 슬픔만 자아낼 뿐이다.

晉驃騎王濟 晉征南將軍杜預 晉廷尉孫綽 晉徵士許詢

진 표기장군 왕제, 진 정남장군 두예, 진 정위 손작, 진 징사 허순

永嘉以來, 淸虛在俗. 王武子輩詩, 貴道家之言. 爰洎江表, 玄風尙備. 眞長仲祖桓庾諸公猶相襲. 世稱孫許, 彌善恬淡之詞.

영가시대 이후로 청정淸靜과 허무가 세속에 머무르자, 왕무자(王武子 : 왕제)의 무리는 시에서 도가의 말을 중시했다. 강표(江表 : 동진)로 바뀌고도 여전히 현묘玄妙의 기풍이 남아 있었다. 진장(眞長 : 유담劉惔) · 중조(仲祖 : 왕몽王濛) · 환온桓溫 · 유량庾亮 등이 아직도 답습한다. 세인들은 손작과 허순이 조용하고 담백한 시를 잘 구사하였다고 일컫는다.

晉徵士戴逵 晉東陽太守殷仲文진 징사 대규, 진 동양태수 은중문

安道詩雖嫩弱, 有淸上之句, 裁長補短, 袁彦伯之亞乎? 逵子顒, 亦有一時之譽①. 晉 · 宋之際, 殆無詩乎! 義熙中, 以謝益壽 · 殷仲文爲華綺之冠, 殷不競矣.

① 以上三十字, 據陳延傑『詩品注』按明鈔本『詩品』及黃丕烈『士禮居藏書題跋記再續』引『吟窓雜錄』補.

안도(安道 : 대규)의 시는 비록 여리고 약하지만 산뜻하고 우수한 구절이 있다. 장점을 살리고 단점을 보완한다면 원언백(袁彦伯 : 원굉)에 버금갈 것이다. 대규의 아들 대옹戴顒도 한 시대의 명예를 누렸다. 진 · 송 시절에는 거의 시가 없었다. 의희(義熙 : 405~418) 연간에는 사익수(사혼)와 은중문이 화려하고 미려한 기풍에서 으뜸이었지만 은중문은 사혼과 경쟁이 되지 못했다.

① 이상 삼십 자는 진연걸陳延傑의 『시품주詩品注』에서 명초본明鈔本 『시품詩品』을 고찰한 것과 황비열黃丕烈의 『사례거장서제발기재속士禮居藏書題跋記再續』에서 인용한 『음참잡록』에 의거해서 보완했다.

宋尙書令傅亮송 상서령 부량

季友文, 余常忽而不察. 今沈特進撰詩, 載其數首, 亦復平美.

계우(季友 : 부량)의 글은 항상 내가 소홀하여 살피지 못했다. 지금 심특진(沈特進 : 심약)이 시를 선정하면서 몇 작품을 실었는데, 평범한 아름다움에 머물고 있다.

宋記室何長瑜 羊曜璠 宋詹事范曄송 기실 하장유, 양요번, 송 첨사 범엽

才難, 信矣! 以康樂與羊·何若此, 而□令辭①, 殆不足奇. 乃不稱其才, 亦爲鮮擧矣.

① 以上二十字, 據陳延傑『詩品注』按明鈔本『詩品』補.

인재를 찾기 어렵다는 것은 참으로 맞는 말이다. 사령운이 양요번·하장유와 그토록 친하였지만 그 두 사람의 글은 별로 기발하지 못하다. 그래서 그 재능을 일컫지 않으며 추천하는 경우도 드물다.

① 이상 이십 자는 진연걸의 『시품주』에서 명초본 『시품』을 고찰한 것에 의거하여 보완했다.

宋孝武帝 宋南平王鑠 宋建平王宏

송 효무제 유준, 송 남평왕 유삭, 송 건평왕 유굉

孝武詩, 雕文織綵, 過爲精密, 爲二藩希慕, 見稱輕巧矣.

효무제(孝武帝 : 유준)의 시는 무늬를 새기고 비단을 짜놓은 듯 지나치게 정밀해서 이번(二藩 : 유삭 · 유굉)으로부터 추앙받았고 경쾌하며 기교가 있다는 평가를 받았다.

宋光祿謝莊송 광록대부 사장

希逸詩, 氣候清雅, 不逮於范袁. 然興屬閒長, 良無鄙促也.

희일(希逸 : 사장)의 시는 기풍이 청아하지만 왕미와 원숙에게는 미치지 못한다. 그러나 흥취가 느리면서도 유장하여 완고하거나 조급함이 없다.

宋御史蘇寶生 宋中書令史陵修之 宋典祠令任曇緒 宋越騎戴興

송 어사대부 소보생, 송 중서령사 능수지, 송 전사령 임담서, 송 월기교위 대법흥

蘇 · 陵 · 任 · 戴, 並著篇章, 亦爲搢紳之所嗟詠. 人非文才是愈, 甚可嘉焉.

소보생·능수지·임담서·대법흥은 모두 작품을 남겨서 역시 고관들의 읊을 거리가 되었다. 사람됨은 그르지만 문재文才가 이렇게 우수하니 매우 가상하다.

宋監典事區惠恭 송 감전사 구혜공

惠恭本胡人, 爲顔師伯幹. 顔爲詩筆, 輒偷定之. 後造「獨樂賦」, 語侵給主, 被斥. 及大將軍修北第, 差充作長. 時謝惠連兼記室參軍, 惠恭時往共安陵嘲調. 末作「雙枕詩」以示謝. 謝曰 : “君誠能, 恐人未重. 且可以爲謝法曹造.” 遺①大將軍. 見之賞歎, 以錦二端賜謝. 謝辭曰 : “此詩, 公作長所製, 請以錦賜之.”

① ‘遺’原作‘遣’, 據『珠叢』本改.

구혜공은 본디 오랑캐로, 안사백顔師伯의 부관이었다. 안사백이 시문을 지을 때면 남몰래 그것을 바로잡아주었다. 나중에 「독락부獨樂賦」를 지었는데, 일부 표현이 안사백을 거슬려 배척을 당했다. 대장군 윤의강劉義康이 북쪽 저택을 건축할 때는 책임자로 차출되었다. 당시 사혜련이 기실참군記室參軍을 겸하고 있었는데, 구혜공이 이따금 찾아가서 안릉군(安陵君 : 안릉전安陵纏)과 같이 농담의 시를 함께 지었다. 마지막에 「쌍침시雙枕詩」를 지어 사혜련에게 보이자, 사혜련이 말하길 “당신은 참으로 재능이 있지만 사람들이 중시하지 않을까 싶네. 사법조(謝法曹 : 사혜련)가 지은 것이라 하는 게 좋겠네”라고 했다. 대장군에게 이를 전하자, 보고서 감탄하여 비단 이 단을 사혜련에게 하사했다. 이에 사혜련이 사양하기를 “이 시는 공의 작업 책임자가 지은 것이니, 비단을 그에게 하사하십시오”라고 했다.

① '遺'는 본래 '遣'으로 되어 있었는데, 『담예주총談藝珠叢』본에 의거하여 고쳤다.

齊惠休上人 齊道猷上人 齊釋寶月 제 혜휴상인, 제 도유상인, 제 석보월

惠休淫靡, 情過其才. 世遂匹之鮑照, 恐商·周矣. 羊曜璠云:"是顔公忌照之文, 故立休·鮑之論." 庾·帛二胡①, 亦有淸句.「行路難」是東陽柴廓所造. 寶月嘗憩其家, 會廓亡, 因竊而有之. 廓子賫手本出都, 欲訟此事, 乃厚賂止之.

① 權德輿「送淸洨上人」詩'佳句已齊康寶月', '庾'似應作'康.'

혜휴惠休는 속되고 화사하며 정감이 재능을 초과했다. 그래서 세인들이 결국 포조에 견주고 있지만 아마도 이는 상왕(商王 : 주紂)과 주왕(周王 : 무왕武王)을 견주는 것이 아닌가 싶다. 양요번이 말하기를 "이는 안공(顔公 : 안연지)이 포조의 글을 싫어해서 혜휴와 포조가 대등하다는 이론을 수립한 것이다"라고 했다. 유(庾 : 강보월康寶月)와 백도유帛道猷 두 호인胡人에게도 산뜻한 시구가 있다.

「행로난行路難」은 동양군東陽郡의 시곽柴廓이 지은 것이다. 강보월이 일찍이 그의 집에서 쉬고 있었는데, 마침 시곽이 사망을 하여 그 작품을 훔쳐 소유한 것이다. 시곽의 아들이 친필본을 갖고 도성으로 가 이 일을 송사에 부치려고 하자, 뇌물을 후하게 주어 그 일을 막았다.

① 권덕여權德輿의 「송청효상인送淸洨上人」에서 '佳句已齊康寶月'이라고 했으니, '庾'는 응당 '康'으로 써야 할 것 같다.

齊高帝 齊征北將軍張永 齊太尉王文憲

제 고제, 제 정북장군 장영, 제 태위 왕문헌

齊高帝詩, 詞藻意深, 無所云少. 張景雲雖謝文體, 頗有古意. 至如王師文憲, 既經國圖遠, 或忽是雕蟲.

제 고제(소도성蕭道成)의 시는 문체가 아름답고 뜻이 심오하여 부족하다고 할 만한 것이 없다. 장경운(張景雲 : 장영)은 문체에 손색이 있긴 하지만 자못 고풍스러운 아름다움을 갖고 있다. 스승 왕문헌(王文憲 : 왕검王儉) 같은 분은, 국가를 다스리며 원대한 포부를 가지셔서 이를 하찮은 기교라고 소홀히 여긴 것인지 모르겠다.

齊黃門謝超宗 齊潯陽太守丘靈鞠 齊給事中郎劉祥 齊司徒長史檀超 齊正員郎鍾憲 齊諸暨令顔則 齊秀才顧則心

제 황문시랑 사초종, 제 심양태수 구령국, 제 급사중랑 유상, 제 사도장사 단초, 제 정원랑 종헌, 제 제기령 안칙, 제 수재 고칙심

檀謝七君, 並祖襲顔延, 欣欣不倦, 得士大夫之雅致乎! 余從祖正員嘗云 : "大明・泰始中, 鮑・休美文, 殊已動俗, 惟此諸人, 傳顔陸體. 用固執不移,① 顔諸暨最荷家聲."

① '移'原作'如', 據陳延傑『詩品注』按明鈔本『詩品』改.

단초와 사초종 등 일곱 분의 시는 모두 안연지를 본받고 계승해서 기쁨에 젖어 싫증을 내지 않았으니 사대부의 아치雅致를 획득한 것이

다. 나의 종조從祖이신 정원(正員 : 종헌鍾憲)께서 일찍이 말씀하시기를 "대명 연간과 태시 연간에는 포조와 탕혜휴의 화려한 문장이 세상을 풍미했는데 오직 이 몇 명만 안연지와 육기의 시체詩體를 받들어서 굳게 지키며 옮겨가지 않았는데, 그 가운데 제기령(諸曁令 : 안칙)이 가문의 명성을 가장 잘 계승했다"라고 하셨다.

① '移'는 원래 '如'로 되어 있었는데 진연걸의 『시품주』에서 명초본 『시품』을 고찰한 것에 의거하여 보충했다.

齊參軍毛伯成 齊朝請吳邁遠 齊朝請許瑤之

제 정서행군참군 모백성, 제 조청 오매원, 제 조청 허요지

伯成文不全佳, 亦多惆悵. 吳善於風人答贈. 許長於短句詠物. 湯休謂遠云 : "我詩可爲汝詩父." 以訪謝光祿, 云 : "不然爾, 湯可爲庶兄."

모백성의 글은 전부 아름답지는 않지만 상실감이 많이 깃들어 있다. 오매원은 민요풍 시인들의 증답시를 잘 지었다. 허요지는 단구短句 형식의 영물시에 뛰어났다. 탕혜휴가 오매원에게 "나의 시는 네 시의 부친 격이 될 만하다"라고 하여 오매원이 사광록(謝光祿 : 사장)에게 의견을 묻자, "그렇지 않다. 탕혜휴는 서형(庶兄 : 서모에게서 난 형)이 될 만하다"라고 했다.

齊鮑令暉齊韓蘭英 제 포영휘, 제 한난영

令暉歌詩, 往往斷絕清巧, 擬古尤勝, 唯百願淫矣.① 照嘗答孝武云："臣妹才自亞於左芬, 臣才不及太沖爾." 蘭英綺密, 甚有名篇. 又善談笑, 齊武謂韓云："借使二媛生於上葉, 則玉階之賦, 紈素之辭, 未詎多也."

① 陳延傑『詩品注』稱明鈔本『詩品』作'唯百韻淫雜矣.'

포영휘의 노래와 시는 간혹 아주 맑고 기묘하며 의고시(擬古詩)에 특히 뛰어나지만 오직 '백원百願'은 음란하다. 포조가 일찍이 효무제에게 답하기를 "신의 누이동생의 재주는 좌분左芬[19]에 버금가지만 신의 재주는 태충(좌사)에 미치지 못합니다"라고 했다. 한난영은 작품이 곱고 치밀하며 유작이 아주 많다. 담소談笑에도 능했다. 제무제(齊武帝 : 소색蕭賾)가 한난영에게 이르기를 "만일 두 궁녀가 앞 시대에 태어났다면 '옥계玉階'의 부賦[20]나 '환소紈素'의 사辭[21]는 그다지 내세울 것이 못 되리라"라고 했다.

① 진연걸의 『시품주』에서 명초본 『시품』을 거론하며 '唯百韻淫雜矣'으로 썼다.

齊司徒長史張融 齊詹事孔稚珪 제 사도장사 장융, 제 태자첨사 공치규

思光紆緩誕放, 縱有乖文體, 然亦捷疾豐饒, 差不局促. 德璋生於封谿, 而文爲雕飾, 青於藍矣.

19 좌분(左芬) : 좌사의 누이동생으로 여류시인이다.

20 '옥계(玉階)'의 부(賦) : 한나라 때 반첩여가 지은 「자도부(自悼賦)」이다.

21 '환소(紈素)'의 사(辭) : 반첩여의 시 「원가행(怨歌行)」을 말한다.

사광(思光 : 장융)은 완만하고 방종하여 문체에 괴리가 있지만, 민첩하고 풍요로워 조금도 촉박하지 않다. 덕장(德璋 : 공치규)은 봉계(封谿 : 장융)으로부터 나왔지만 글이 잘 조탁되어 청출어람인 격이다.

齊寧朔將軍王融 齊中庶子劉繪 제 영삭장군 왕융, 제 중서자 유회

元長士章, 並有盛才, 詞美英淨, 至於五言之作, 幾乎尺有所短. 譬應變將略, 非武侯所長, 未足以貶臥龍.

원장(元長 : 왕융)과 사장(士章 : 유회)은 모두 뛰어난 재능을 갖고 있어서 수사가 아름답고 아주 깔끔하다. 그러나 오언은 "한 자(尺)에도 짧아 보이는 수가 있다"[22]는 데 가깝다. 비유하자면, 임기응변하는 장수의 전략을 무후(武侯 : 제갈량諸葛亮)가 잘하지는 않지만 그것으로 와룡(臥龍 : 제갈량)을 폄하할 수는 없는 것과 같다.

齊僕射江祏 제 복야 강석

祏詩猗猗清潤, 弟祀明靡可懷.

강석江祏의 시는 참 아름답고 윤택하며 아우 강사江祀의 시는 선명하

22 『초사』「복거(卜居)」의 "한 자에도 짧은 곳이 있고, 한 치에도 긴 곳이 있으며, 어떤 물건이라도 부족한 곳이 있고, 어떤 지자(智者)라도 밝지 못한 곳이 있다[夫尺有所短, 寸有所長, 物有所不足, 智有所不明]"에서 인용된 것이다.

고 화려하여 품을 만하다.

齊記室王巾 齊綏遠太守卞彬 齊端溪令卞錄

제 기실 왕건, 제 수원태수 변빈, 제 단계령 변록

王巾·二卞詩, 並愛奇嶄絶. 慕袁彦伯之風. 雖不宏綽, 而文體勦淨, 去平美遠矣.

왕건王巾과 이변(二卞 : 변빈·변록)의 시는 모두 기묘한 것을 좋아하여 홀로 특출한데 원언백(원굉)의 기풍을 흠모했다. 넓고 여유롭지는 못하지만 문체가 간략하고 깔끔해 평범한 미에서 멀리 떠나 있다.

齊諸暨令袁嘏 제 제기령 원하

嘏詩平平耳, 多自謂能. 嘗語徐太尉云 : "我詩有生氣, 須人捉著. 不爾, 便飛去."

원하의 시는 평범할 뿐인데, 스스로 잘났다고 말했다. 일찍이 서태위(徐太尉 : 서효사徐孝嗣)에게 이르기를 "나의 시는 생기가 있어서 사람들이 꼭 붙잡아야 한다. 그렇지 않으면 곧 날아가 버린다"라고 했다.

齊雍州刺史張欣泰 梁中書郎范縝제 옹주자사 장흔태, 양 중서랑 범진

欣泰・子眞, 並希古勝文, 鄙薄俗製, 賞心流亮, 不失雅宗.

장흔태와 자진(子眞 : 범진)은 모두 옛 풍격을 희구하여 바탕이 수식을 앞섰으며, 통속적인 작품을 무시하고 감상하는 마음이 맑고 진실해서 풍아風雅의 정종正宗을 잃지 않았다.

梁秀才陸厥양 수재 육궐

觀厥文緯, 具識丈夫之情狀. 自製未優, 非言之失也.

육궐의 문학 평론은 장부의 정상情狀을 두루 인식하고 있다. 자신이 지은 작품은 우수하지 못한데, 논평한 이론의 잘못은 아니다.

梁常侍虞羲梁建陽令江洪양 상시 우희, 양 건양령 강홍

子陽詩奇句清拔, 謝朓常嗟頌之. 洪雖無多, 亦能自迥出.

자양(子陽 : 우희)의 시는 기발한 구절이 맑고 특출해서 사조가 항상 찬탄하고 칭송했다. 강홍은 작품이 많지는 않지만 스스로 저 멀리 앞서 있다.

梁步兵鮑行卿 梁晉陵令孫察양 보병 포행경, 양 진릉령 손찰

行卿少年, 甚擅風謠之美. 察最幽微, 而感賞至到耳.

포행경은 젊은 시절 풍요(風謠 : 민요)의 아름다움을 맘껏 구사했다. 살펴보면 가장 알려지지 않고 미천했지만 감상은 지극히 본질에 도달했다.

『시식詩式』

당唐 석교연釋皎然

교연皎然, 『시식詩式』 해제

교연은 생졸년이 알려져 있지 않고 속성은 사謝, 자는 청주淸晝이다. 자가 명주名晝라는 설도 있다. 스스로 남조 사령운의 후예라고 칭했다. 중당의 시승詩僧으로서 주로 천보(天寶 : 742~756)부터 정원(貞元 : 785~805) 연간에 활동했다. 처음에 항주 영은사靈隱寺에서 출가하고 오흥吳興 저산杼山 묘희사妙喜寺에 머물렀다. 천성이 시를 좋아하여 시명詩名을 얻었고 여행을 하면 도읍과 지방에서 모두 관리들에게 후대를 받았다. 당시의 명사들인 안진경, 위응물, 고황顧況, 육우陸羽 및 명승 영철靈澈 등과 긴밀한 교분을 맺었다. 안진경의 『운해경원韻海鏡源』 편찬 작업에 참여하기도 했다.

교연의 시는 『저산집杼山集』 10권 속에 정리되어 있는데, 고체, 근체를 겸비했으며 맑고 수려하며 담원淡遠하여 줄곧 후인들의 찬사를 받았다. 당대의 권덕여權德輿는 "오흥吳興의 장노長老 주공晝公은 육의(六義 : 시경)의 정수와 영화를 엮어내 방외에 으뜸이 되었다[吳興長老晝公, 綴六義

之精英, 首冠方外]”라고 했고 송대의 엄우도 “교연의 시는 당나라 시승들 중 상급이다[釋皎然之詩, 在唐諸詩僧之上]”라고 했다. 그리고 교연은 따로 『시식』과 『시의詩議』 두 책을 써서 시의 이치를 풀이하고 시법을 드러냈다. 『시식』은 5권이며 정원 5년(789)에 편찬된 교연의 만년 저작이다. 그리고 『시의』는 『시평詩評』이라고도 하는데 지금 전해지는 것은 한 권으로서 본래의 형태가 아니다. 일본의 승려 편조금강遍照金剛이 쓴 『문경비부론文鏡秘府論』을 보면 여러 곳에서 『시의』의 내용을 인용하고 있는데 그것이 지금의 판본보다 더 상세하고 신빙성이 있다.

교연은 『시식』에서 ‘자연自然’을 중시한다. 책 속에서 팔병八病과 사성四聲, 또 “도끼 흔적이 남아서 자연에 부합되지 못하는[斤斧迹存, 不合自然]” 식의 창작 경향을 반대하고 시의 다섯 가지 격格을 열거하면서 ‘불용사不用事’를 으뜸으로 쳤다. 그래서 조식의 시를 “시어가 흥취와 더불어 달리고 형세가 정을 따라 일어나, 작의作意를 통하지 않고서도 기氣와 격格이 저절로 높다[語與興驅, 勢逐情起, 不由作意, 氣格自高]”며 칭찬하고 사령운의 시는 “성정에 정직하고 작용을 숭상하며 시어의 수식을 돌아보지 않아 풍류가 자연스럽다[直於情性, 尚於作用, 不顧詞彩, 而風流自然]”고 추종하였다. 그런데 교연이 말하는 ‘자연’은 인공적인 것을 절대적으로 배척하는 순수 자연이 아니라, 치열한 구상과 시어의 정련을 기초로 수립되는 화경化境이었다. “고심에 차서는 안 되니 고심에 차면 자연의 바탕을 잃는다[不要苦思, 苦思則喪自然之質]”는 주장에 대해 그는 “호랑이 굴에 들어가지 않고서야 어떻게 호랑이를 잡겠는가. 외경을 취할 때 반드시 지극히 어렵고 지극히 험난해야 비로소 기묘한 구절을 얻을 수 있다. 한 편이 완성되고 나서 그 기상과 모습을 보았을 때, 한적한 듯해서 생각하지 않고도 얻은 것이 고수이다. 때로는 생각이 고요하고 정신이 왕성하여 아름다운 구절이 마구 흘러나와 막을 수 없는 기세가 마치 신의 도움이 있는 것 같기도 한다. 그것이 아니라면 먼저 정밀한 생각이 쌓여 정신이 왕성함으로 인해 얻어진 것일 것이다[夫不

入虎穴, 焉得虎子. 取境之時, 須至難至險, 始見奇句. 成篇之後, 觀其氣貌, 有似等閑, 不思而得, 此高手也. 有時意靜神王, 佳句縱橫, 若不可遏, 宛若神助. 不然, 蓋由先積精思, 因神王而得乎]"라고 강조했다. 동시에 시는 반드시 "지극히 험난하나 치우치지 않고, 지극히 기묘하나 어긋나지 않고, 지극히 미려하나 자연스럽고, 지극히 고심스러우나 자취가 없어야[至險而不僻, 至奇而不差, 至麗而自然, 至苦而無跡]" 한다고 말하기도 했다. 이것은 '자연'과 '고심(苦思)'을 상호통일시킨 사상으로서 일정 정도 변증법적 요소를 포함하고 있다.

『시식』은 다양한 각도로 초학자들이 지켜야 할 예술 원칙을 서술하였고 그 속에는 편협함을 방지하고 중도를 지키는 미학 관념이 관철되고 있다. 예컨대 '시에서 범하지 말아야 할 네 가지(詩有四不)'에 관한 부분을 보면 "기개가 높아야 하나 노해서는 안 되니 노하면 풍류에 손실이 발생하고, 힘이 굳건하되 드러내지 말아야 하니 드러나면 상해에 문제가 발생하고, 정이 많아야 하나 어두워선 안 되니 어두우면 옹졸하고 둔한 데 넘어지고, 재능이 넉넉해야 하나 성글어선 안 되니 성글면 근골과 혈맥에 손상이 발생한다[氣高而不怒, 怒則失於風流. 力勁而不露, 露則傷於斤斧. 情多而不暗, 暗則蹶於拙鈍. 才贍而不疏, 疏則損於筋脈]"라고 하였고, '시의 두 가지 요체(詩有二要)'에서는 "힘이 온전하려 하되 고통스럽거나 난삽해서는 안 되고, 기개가 넉넉하려 하되 노여움이 담기지 않게 해야 한다[要力全而不苦澀, 要氣足而不怒張]"라고 하였다. 이런 요구들은 비록 너무 세세하기는 하지만, 확실히 시의 창작 규칙에 대한 교연의 변증법적 인식을 보여주고 있다.

이어서 '취경取境'과 '문외지지文外之旨'에 관한 서술은 『시식』에서 비교적 이론적 가치가 뛰어난 부분이다. 이른바 '취경'이란 곧 시의 의경의 구성과 창조를 뜻한다. 교연은 말하길, "시인의 생각이 처음 출발할 때 외경外境을 취한 것이 고상하면 그 시의 전체가 모두 고상하고, 외경을 취한 것이 표일飄逸하면 그 시의 전체가 표일하다[夫詩人之思, 初發取境

偏高, 則一首擧體便高, 取境偏逸, 則一首擧體便逸]"라고 하였다. 의경의 확립이 시 창작의 가장 중요한 부분이며 그것이 시의 예술적 품격을 결정함을 설명하고 있다. 또한 교연은 '문외지지'를 매우 중시했다. 좋은 시는 함축적 의미를 많이 포함해야 한다고 생각해 "말은 한 가지 뜻이어도 흥은 곧 여러 가지[雖詞歸一旨而興乃多端]"라고 하였다. 독자들도 시어의 표층적 의미를 초월해 언어 밖의 의미를 포착해서 "단지 성정을 보고 문자만 봐서는 안 되는[但見性情, 不睹文字]" 경지에 다다라야 한다. 사실 '문외지지'는 시의 의경의 두드러진 특징이라고 볼 수 있다.

『시식』의 또 하나의 중요한 내용은 시 풍격의 구분이다. 교연은 시의 풍격을 고高, 일逸, 정貞, 충忠, 절節, 지志, 기氣, 정情, 사思, 덕德, 계誡, 한閑, 달達, 비悲, 원怨, 의意, 력力, 정靜, 원遠 19체로 나누었다. 각 풍격에 대한 구체적인 설명에는 몇 가지 주목할 만한 관점이 포함되어 있다. 예를 들어 '정情'은 "외경과 끝없이 연관되는 것[緣境不盡]"이라고 하여 시 속의 '정'의 함축성과 깊이, 그리고 그것의 '외경'에 대한 의존을 강조했다. 또 '정靜'은 "소나무에 바람이 일지 않고 숲에 원숭이가 울지 않는 것과는 다른 것으로, 의미상의 정을 말하는 것이다[非如松風不動, 林狖未鳴, 乃謂意中之靜]"라고 했고, '원遠'은 "멀리 강물을 바라보고 아득히 산을 바라보는 것과는 다른 것으로, 의미상의 원을 말하는 것이다[非謂淼淼望水, 杳杳看山, 乃謂意中之遠]"라고 해서 시가 사물의 형태에 구애받지 않고 총체적인 의경을 추구해야 한다고 주장했다. 한편 교연은 '고高'와 '일逸'을 각 풍격들 중 으뜸으로 보았는데, 이는 그가 충담冲淡, 한적閑適, 초일超逸 같은 특정한 경향을 좋아했음을 드러낸다.

시의 발전 중의 '복復'과 '변變'에 대한 교연의 관점도 의미심장하다. '복'은 곧 '옛날로 돌아가는 것(反古)'이어서 고인을 계승하는 것을 뜻한다. 또 '변'은 '정체하지 않는 것(不滯)'이어서 혁신과 창조를 의미한다. '복'과 '변', 이 양자 사이에서 교연이 강조한 것은 '변'이었다. 그는 변하지 않고 계승하는 것에 반대하여 새로운 것을 끊임없이 창조하는 문학관을 내세웠다. 이와 관련하여 그는 제와 양의 시를 폄훼하기만 하는 당시의 논의에 불만을 갖고서 시가 자체적인 발전 규칙이 있다는 가정 아래 제, 양의 시와 건안의 시를 비교해 "시체가 변하였다고는 할 수 있지만 도를 잃었다고는 할 수 없다[可言變體, 不可言道喪]"고 하였다. 동시에 "복이 많고 변이 적다[復多變少]"고 진자앙의 시를 완곡하게 비판하였다.

결론적으로 『시식』은 시 이론의 역사에서 두드러진 위치를 차지하고 있는 저작이다. 시 창작의 예술적 경험을 종합하여, 당나라의 수많은 '시격詩格' 중에서 뛰어난 것들을 선별했을 뿐만 아니라 만당의 사공도 등 후대 시론가들에게 중요한 영향을 끼쳤다. 그러나 『시식』에도 일부 결함이 없는 것은 아니다. 시인의 심성이나 천부적 재능에 주목한 반면, 현실과 외적 사물의 촉발 작용을 소홀히 하였고, 역대의 작품들을 나열하는 과정에서 오류가 있기도 하다. 그리고 간혹 서술이 지나치게 모호하다.

『시식』은 5권이지만 『역대시화』본을 비롯해 『속백천학해續百川學海』본, 『당송총서唐宋叢書』본, 『학해유편學海類編』본 등은 모두 한 권이다. 육심원陸心源의 『십만권루총서十萬卷樓叢書』본만 5권으로 완전한 판본이다.

明勢 형세에 밝음

高手述作, 如登荊・巫, 覩三湘・鄢・郢之盛, 縈回盤礴, 千變萬態.【文體開闔作用之勢】或極天高峙, 崒焉不羣, 氣勝勢飛, 合沓相屬.【奇勢在工】或修江耿耿, 萬里無波, 欻出高深重複之狀.【奇勢雅發】古今逸格, 皆造其極矣.

고수高手의 저술은 마치 형산荊山과 무산巫山에 올라 천태만상이 드넓게 어우러진 삼상三湘[23]과 언鄢・영郢[24]의 성대한 모습을 보는 듯하다【문체가 열고 닫히며 작용하는 형세】. 때로는 하늘까지 닿는 높은 언덕이 홀로 뭇 무리 중에서 빼어나, 기운이 앞서고 형세가 펄펄 날아서 하나로 융합되기도 하고【기묘한 형세는 기교에 있다】, 또는 빛나는 긴 강물이 만 리에 걸쳐 출렁이는 물결도 없이 높고 깊고 겹겹이 쌓인 형상

23 삼상(三湘) : 동정호(洞庭湖) 부근의 세 강인 소상(瀟湘), 자상(資湘), 원상(沅湘)이다.
24 언(鄢)・영(郢) : 전국시대 초(楚)나라의 도읍지이다.

을 문득 드러내기도 한다【기묘한 형세가 고아하게 발현됨】. 고금의 빼어난 격조가 모두 그 극치에 이른다.

明作用 활용에 밝음

作者措意, 雖有聲律, 不妨作用. 如壺公瓢中自有天地日月, 時時拋鍼擲線, 似斷而復續, 此爲詩中之仙. 拘忌之徒, 非可企及矣.

작가가 생각을 구사할 때는 비록 성률聲律이 있다고 해도 활용에 방해를 받아선 안 된다. 예컨대 호공壺公[25]의 표주박은 그 자체에 하늘과 땅과 해와 달이 있어서 이따금 바늘을 내던지고 실을 던지며 끊어진 듯 다시 이어놓으니 이것은 시에서의 신선이다. 규격에 구애받는 무리들이 미칠 수 있는 것이 아니다.

25 호공(壺公) : 전설에 등장하는 신선이다. 호공이 저잣거리에서 약을 팔고 있었는데, 모두 평범한 사람인 줄로만 알았다. 그런데 비장방(費長房)이란 사람이, 호공이 천정에 걸어둔 호로 속으로 들어가는 것을 보고는 비범한 인물인 줄 알고 매일같이 정성껏 그를 시봉했다. 어느 날 호공이 그를 데리고 호로 속으로 들어갔는데, 호로 속은 완전히 별천지로 해와 달과 선궁(仙宮)이 있었다는 고사가 전한다. 『신선전(神仙傳)』「호공(壺公)」 참고.

明四聲 사성에 밝음

樂章有宮商五音之說, 不聞四聲. 近自周顒・劉繪流出, 宮商暢於詩體, 輕重低昂之節, 韻合情高, 此未損文格. 沈休文酷裁八病, 碎用四聲, 故風雅殆盡. 後之才子, 天機不高, 爲沈生弊法所媚, 懵然隨流, 溺而不返.

악장樂章에는 궁宮과 상商 등 오음五音의 설說만 있고 사성이 있다는 말은 듣지 못했다. 근래에 주옹周顒[26]과 유회劉繪[27] 등이 세상에 나오면서부터 궁과 상이 시체詩體에 번창하여, 가볍고 무겁고 높고 낮은 음절이 조화를 이뤄 운율이 부합하고 정취가 고상하니 이것은 글의 격에 손상이 되지 않는다. 심휴문(沈休文 : 심약)이 여덟 가지 병폐를 혹독하게

26 주옹(周顒) : 남조(南朝) 제나라 사람으로 자는 언륜(彦倫)이다. 예서에 능했고 『노자』와 『주역』에도 정통했으며 국자박사(國子博士)를 역임했다. 저서에 『사성절운(四聲切韻)』・『삼종론(三宗論)』 등이 있다.

27 유회(劉繪) : 남조 제나라 사람으로 자는 사장(士章)이다. 예서에 능했고 대사마종사중랑(大司馬從事中郎)을 역임했다. 스스로 비백(飛白 : 서체의 하나)에 능했다고 했다.

제재하고 사성을 자질구레하게 사용함으로써 풍아(風雅 : 『시경』의 풍취)가 거의 다 사라졌다. 후대의 시인들은 천기(天機 : 천부적 영성)가 높지 못하여, 심생(沈生 : 심약)이 만들어놓은 피폐한 법에 이끌려 어리석게 시류를 뒤따라 함몰된 채 되돌아올 줄을 모른다.

詩有四不 시에는 네 가지 범하지 말아야 할 것이 있다

氣高而不怒, 怒則失於風流. 力勁而不露, 露則傷於斤斧. 情多而不暗, 暗則蹶於拙鈍. 才贍而不疏, 疏則損於筋脈.

기개가 높아야 하나 노怒해서는 안 되니 노하면 풍류에 손실이 가고, 힘이 굳건하되 드러내지 말아야 하니 드러나면 상해를 가하는 문제가 발생하고, 정情이 많아야 하나 어두워선 안 되니 어두우면 옹졸하고 둔한 데에 넘어지고, 재능이 넉넉해야 하나 성글어선 안 되니 성글면 근골과 혈맥에 손상이 발생한다.

詩有四深시에는 네 가지 깊이가 있다

氣象氤氳, 由深於體勢. 意度盤礴, 由深於作用. 用律不滯, 由深於聲對. 用事不直, 由深於義類.

기상이 넓게 펼친 것은 체격과 기세가 깊은 데에서 연유하고, 의경意境과 풍격을 넓게 아우른 것은 작용이 깊은 데에서 연유하고, 운율을 사용하되 정체되지 않은 것은 성운聲韻의 대응(聲對)이 깊은 데에서 연유하고, 용사(用事 : 고사의 인용)가 경직되지 않은 것은 본래 뜻에 대한 지식(義類)이 깊은 데에서 연유한다.

詩有二要 시에는 두 가지 중요한 요체가 있다

要力全而不苦澀, 要氣足而不怒張.

힘이 온전해야 하되 고통스럽거나 난삽해서는 안 되고, 기개가 넉넉해야 하되 노여움이 담기지 않게 해야 한다.

詩有二廢 시에는 두 가지 폐기해야 할 것이 있다

雖欲廢巧尙直, 而思致不得置. 雖欲廢詞尙意, 而典麗不得遺.

기교를 폐기하고 정직함을 높여야 하나 사치(思致: 의취意趣, 의경)를 방치해서는 안 되고, 어휘를 폐기하고 의미를 높여야 하나 전아함과 미려함을 버려서는 안 된다.

詩有四離시유사리

雖期道情, 而離深僻. 雖用經史, 而離書生. 雖尙高逸, 而離迂遠. 雖欲飛動, 而離輕浮.

시에는 네 가지 벗어나야 할 것이 있다.

정情을 말하려 해도 깊고 치우친 것을 벗어나야 하고, 경사經史를 활용해도 서생書生의 분위기를 벗어나야 하고, 고상과 초월을 중시해도 현실과 떨어지는 것을 벗어나야 하고, 살아 움직이듯 해야 해도 가볍고 들뜬 것을 벗어나야 한다.

詩有六迷 시에는 여섯 가지 미혹이 있다

以虛誕而爲高骨, 以緩漫而爲沖澹, 以錯用意而爲獨善, 以詭怪而爲新奇, 以爛熟而爲穩約, 以氣少力弱而爲容易.

황당무계함(虛誕)을 고상한 골격(高骨)으로 여기고, 완만함을 충담(沖澹)으로 여기고, 본의를 잘못 사용한 것을 홀로 잘한 것(獨善)으로 여기고, 괴상망측한 것을 신기한 것으로 여기고, 푹 삭아버린 것(爛熟)을 온당하고 규약이 있는 것(穩約)으로 여기고, 기가 부족하고 힘이 약한 것을 용이한 것으로 여기는 것이다.

詩有六至 시에는 여섯 가지 지극함이 있다

至險而不僻. 至奇而不差. 至麗而自然. 至苦而無跡. 至近而意遠. 至放而不迂.

지극히 험난하나 치우치지 않고, 지극히 기묘하나 어긋나지 않고, 지극히 미려하나 자연스럽고, 지극히 고심스러우나 자취가 없고, 지극히 흔하나 의미가 심원하고, 지극히 풀어놓았으나 실제와 거리가 멀지 않은 것이다.

詩有七德【德, 一作得】

시에는 일곱 가지 덕이 있다【德은 得으로도 쓴다】

一識理. 二高古. 三典麗. 四風流. 五精神. 六質幹. 七體裁.

첫 번째는 결(理)을 아는 것이고, 두 번째는 고상하고 예스러움이고, 세 번째는 전아하고 미려함이고, 네 번째는 풍류이고, 다섯 번째는 정신이고, 여섯 번째는 바탕과 근간이고, 일곱 번째는 체재이다.

詩有五格시에는 다섯 가지 격이 있다

不用事第一, 作用事第二【其有不用事而措意不高者, 黜入第二格】, 直用事第三【其中亦有不用事而格稍下, 貶居第三】, 有事無事第四【此於第三格中稍下, 故入第四】, 有事無事, 情格俱下第五【情格俱下, 有事無事可知也.】

고사를 사용하지 않는 것이 첫 번째이고, 고사를 사용하는 것이 두 번째이고【고사를 사용하지 않아도 의미의 구사가 고상하지 못한 것은 두 번째 격으로 떨어진다】, 바로 고사를 사용하는 것이 세 번째이고【그 가운데 고사를 사용하지 않아도 격이 조금 떨어지는 것은 세 번째로 폄하된다】, 불필요하게 고사가 있는 것이 네 번째이고【이것은 세 번째 격에서 조금 낮은 것이어서 네 번째 격에 들어간 것이다】 불필요하게 고사가 있으면서 정情과 격格이 모두 떨어지는 것이 다섯 번째이다【정과 격이 모두 낮은 데에서 불필요하게 고사가 있다는 것을 알 수 있다】.

李少卿並古詩十九首 이소경(이릉)과 고시십구수

西漢之初, 王澤未竭, 詩教在焉. 昔仲尼所刪詩三百篇, 初傳卜商. 後之學者, 以師道相高, 故有齊·魯四家之目. 其五言, 周時已見濫觴, 及乎成篇, 則始於李陵·蘇武二子. 天與其性, 發言自高, 未有作用. 『十九首』辭精義炳, 婉而成章, 始見作用之功, 蓋東漢之文體. 又如"冉冉孤生竹"·"青青河畔草", 傅毅·蔡邕所作. 以此而論, 爲漢明矣.

서한 초에는 왕의 혜택이 다 마르지 않아 시를 통한 교육(詩教)이 남아 있었다. 옛날 중니(仲尼 : 공자)가 정리한 시 삼백 편(시경)이 처음 복상卜商에게 전해졌는데, 후대의 학자들이 스승의 도로 높여서 제齊, 노魯 등 사가四家[28]의 이름이 있게 되었다. 그 가운데 오언은 주나라 때 이미 남상濫觴을 보였지만 작품을 완성하는 데 있어서는 이릉과 소무 두 분

28 사가(四家) : 노나라 신배(申培)의 『노시(魯詩)』, 제나라 원고생(轅固生)의 『제시(齊詩)』, 연나라 한영(韓嬰)의 『한시(韓詩)』, 노(魯)나라 모형(毛亨)의 『모시(毛詩)』를 가리킨다.

으로부터 시작되었다. 하늘이 특별한 개성을 부여해서 발언發言이 저절로 고상하고 작용이 있지 않았다. 『십구수』는 시어가 정밀하고 의미가 찬란하면서 부드럽게 완성되어서 비로소 작용의 공功을 볼 수 있으니 이는 동한의 문체이다. 또 '염염고생죽冉冉孤生竹'과 '청청하반초靑靑河畔草'는 부의傅毅[29]와 채옹蔡邕이 지은 것이니 이것으로 본다면 한대의 작품임이 분명하다.

29 부의(傅毅) : 후한 때의 학자로 박식하고 문장에 능했다. 명제(明帝)를 풍자한 「칠격(七激)」을 남겼다.

鄴中集 업중집

鄴中七子, 陳・王最高. 劉楨辭氣, 偏正得其中, 不拘對屬, 偶或有之, 語與興驅, 勢逐情起, 不由作意, 氣格自高, 與『十九首』其流一也.

업중의 칠자(七子 : 건안칠자建安七子) 가운데 진림陳琳과 왕찬이 가장 고상하다. 유정은 시어와 기개가 치우침과 바름 가운데에서 중도를 얻어 대속(對屬 : 대구對句)에 구애받지 않는 것이 더러 있기도 하며, 시어가 흥취와 더불어 달리고 형세가 정을 따라 일어나, 의도하지 않아도 기氣와 격格이 저절로 높으니 『십구수』와 그 흐름이 같다.

文章宗旨 문장의 종지

康樂公早歲能文, 性穎神澈. 及通內典, 心地更精, 故所作詩, 發皆造極. 得非空王之道助邪. 夫文章, 天下之公器, 安敢私焉. 曩者嘗與諸公論康樂爲文, 直於情性, 尙於作用, 不顧詞彩, 而風流自然. 彼清景當中, 天地秋色, 詩之量也.【慶一作卿】雲從風, 舒卷萬狀, 詩之變也. 不然, 何以得其格高, 其氣正, 其體貞, 其貌古, 其詞深, 其才婉, 其德宏, 其調逸, 其聲諧哉. 至如「述祖德」一章, 「擬鄴中」八首, 「經廬陵王墓」, 「臨池上樓」, 識度高明, 蓋詩中之日月也, 安可攀援哉. 惠休所評"謝詩如芙蓉出水", 斯言頗近矣. 故能上躡風騷, 下超魏·晉. 建安製作, 其椎輪乎.

강락공(康樂公 : 사령운)은 어려서부터 문장에 능하고 타고난 본성이 뛰어나며 정신이 맑았다. 내전(內典 : 불경)을 꿰뚫고 나서는 마음이 더욱 정밀해져서 내놓는 시들마다 모두 극에 도달했으니 공왕(空王 : 부처의 도)이 도와준 것이지 않겠는가. 무릇 문장은 천하의 공기空器인데 어떻게 감히 독차지할 수 있겠는가. 지난날 여러 공들과 사강락의 문장을 논할 때, 성정情性에 정직하고 작용을 숭상하며 시어의 수식을 돌아보지 않아 풍류가 자연스럽다고 논평했다. 저 청아한 풍경이 펼쳐진 곳에 하늘과 땅이 온통 가을빛인 것은 시의 도량이고, 큰【卿으로도 쓴다】구름이 바람을 따르며 펼쳤다 말려 수만 가지 형상을 보이는 것은 시의 변화이다. 그렇지 않다면 어떻게 그 격이 높고 기운이 바르고 본체가 올곧고 모습이 예스럽고 시어가 깊고 재능이 원만하고 덕이 크고 음조가 빼어나고 운율이 조화로운 것을 이룰 수 있었겠는가. 예컨대 「술조덕述祖德」 1장과 「의업중擬鄴中」 8수와 「경려릉왕묘經廬陵王墓」와 「임지상루臨池上樓」는 식견과 도량이 고명하다. 이는 시에서의 해와 달인데 어떻게 휘어잡을 수 있겠는가. 혜휴惠休[30]가 "사령운의 시는 부용芙蓉이 물 밖으로 나온 것과 같다"고 평했는데 이 말이 퍽 근사하다. 그러므로 위로는 『풍風』과 『소騷』를 밟고 아래로는 위와 진晉을 초월했으니, 건안의 저작이 그의 시작이었을 것이다.

30 혜휴(惠休) : 탕혜휴(湯惠休). 육조시대(六朝時代)의 시승(詩僧)이다.

用事용사

詩人皆以徵古爲用事, 不必盡然也. 今且於六義之中, 略論比興. 取象曰比, 取義曰興. 義即象下之意. 凡禽魚草木人物名數, 萬象之中義類同者, 盡入比興, 「關雎」即其義也. 如陶公以'孤雪'比'貧士.' 鮑照以'直'比'朱絲', 以'淸'比'玉壺.' 時久呼比爲用事, 呼用事爲比. 如陸機「齊謳行」: "鄙哉牛山歎, 未及至人情. 爽鳩苟已徂, 吾子安得停." 此規諫之忠, 是用事非比也. 如康樂公「還舊園作」: "偶與張邴合, 久欲歸東山." 此敍志之忠, 是比非用事也. 詳味可知.

시인들이 모두 옛것으로 증명하는 것을 용사로 삼는데 반드시 그렇지는 않다. 지금 육의六義 가운데 비比 흥興을 간략히 논하자면, 형상을 취하는 것을 비라 하고 의미를 취하는 것을 흥이라 하니 의미는 바로 형상 아래의 뜻이다. 새와 물고기와 초목과 인물 등의 모든 형상 가운데 의미의 유類가 같은 것은 모두 비와 흥에 넣을 수 있으니 「관저關雎」

가 바로 그런 내용이다. 예컨대 도연명이 '고설孤雪'을 '빈사貧士'에 비유하고, 포조가 '직直'을 '주사朱絲'에 비유하고, '청淸'을 '옥호玉壺'에 비유한 것이 바로 그런 경우이다. 당시에 오랫동안 비를 용사라 부르고 용사를 비라고 불렀다. 예컨대 육기의 「제구행齊謳行」에서 "비루하구나 우산牛山의 탄식이여, 미처 인정人情에는 이르지 못했다. 상구爽鳩[31]가 정말 떠났거늘, 우리 님이 어떻게 머무를 수 있으랴"라고 했는데 이는 권고와 간언의 충성으로, 용사이지 비가 아니다. 예컨대 강락공의 「환구원작還舊園作」에서 "우연히 장병張邴(장량張良 · 병한邴漢)[32]과 하나가 돼, 오랫동안 동산東山으로 돌아가고 싶다"라고 했는데 이는 의지를 서술한 충성으로, 비이지 용사가 아니다. 자세히 음미하면 알 수 있다.

---

31 상구(爽鳩) : 고대 중국의 벼슬 이름. 『춘추좌전(春秋左傳)』 소공(昭公) 17년에 "상구씨는 사구(司寇)다"라는 내용이 있다.

32 장량(張良) · 병한(邴漢) : 장량은 한(漢)나라 개국공신으로, 천하가 평정된 뒤에 벼슬을 버리고 적송자(赤松子)를 따라가 신선이 되었다고 전해진다. 병한은 한나라 태중태부(太中大夫)까지 오른 인물로, 청렴하여 명망이 높았으며 후에 왕망이 왕위를 찬탈하자 공승(龔勝) 등과 함께 벼슬에서 물러났다.

語似用事義非用事 시어는 용사인 듯하나 의미는 용사가 아니다

此二門始有之, 而弱手不能知也. 如康樂公"彭薛纔【一作裁】知恥, 貢公未遺榮. 或可優貪競, 豈足稱達生" 此申商榷三賢, 雖許其退身, 不免遺議. 蓋康樂欲借此成我詩, 非用事也. 如「古詩」: "仙人王子喬, 難可與等期." 曹植「贈白馬王彪」: "虛無求列仙, 松子久吾欺." 又「古詩」: "師涓久不奏, 誰能宣我心." 上句言仙道不可偕, 次句讓一作誚. 求之無效. 下句略似指人, 如魏武呼"杜康"爲酒. 蓋作者存其毛粉, 不欲委曲傷乎天眞, 並非用事也.

이 두 가지 내용이 처음 나타날 때는 수준 낮은 사람은 알 수 없다. 예컨대 강락공의 "팽선彭宣과 설광덕薛廣德은 겨우 수치만 알고 공공貢公[33]은 영화를 버리지 않았다. 충분히 탐하고 다툴 수는 있지만 어찌 통

33 공공(貢公) : 공우(貢禹). 서한(西漢)의 왕길(王吉)이 관직에 임명되자 그의 벗이었던 공우도 갓의 먼지를 털고 벼슬길에 나설 준비를 했다는 이야기가 『한서』 권72 「왕길전(王

달한 삶이라 일컬을 수 있으랴[彭·薛纔[裁로도 쓴다] 知恥, 貢公未遺榮. 或可優貪競, 豈足稱達生]"라고 했는데, 이것은 세 현자가 물러난 것은 인정하지만, 논란의 여지를 남기는 것은 면하지 못했다고 논평한 것이다. 대개 강락공은 이것을 빌려 자신의 시를 완성하고자 한 것일 뿐이지 용사는 아니다. 예컨대 「고시古詩」에서 "신선 왕자교王子喬는, 기약하기가 어렵다[仙人王子喬, 難可與等期]"라고 하고, 조식의 「증백마왕표贈白馬王彪」에서 "허무하게 신선의 열에 설 것을 추구했으니, 적송자赤松子가 나를 오랫동안 속인 것이다[虛無求列仙, 松子久吾欺]"라고 하고, 또 「고시古詩」에서 "사연師涓[34]이 오랫동안 연주하지 않으니, 누가 내 마음을 알려줄까[師涓久不奏, 誰能宣我心]"라고 했는데, 위 구절은 선도仙道는 다가갈 수 없음을 말한 것이고 다음 구절은 구한다 해도 실효가 없음을 꾸짖은 것이며 아래 구절은 대략 사람을 지칭한 듯하니, 예컨대 위 무제(조조)가 '두강杜康'[35]을 술이라 부른 것과 같은 경우이다. 이는 작자가 그 모분(毛粉 : 특징 · 특성)만을 보존할 뿐 조금이라도 천진(天眞 : 본질)을 손상시키고 싶지 않은 것이니, 모두 용사가 아니다.

吉傳)」에 전한다.

34 사연(師涓) : 은(殷)나라 때의 악관(樂官)이다. 포악한 주왕(紂王)을 물리치려 망국(亡國)의 음악을 만든 뒤, 주 무왕(周武王)이 주왕을 치자 동쪽으로 도망가 복수(濮水)에 빠져 죽었다고 한다. 『태평어람(太平御覽)』 참고.

35 두강(杜康) : 황제(黃帝) 때의 관리로 맨 처음 술을 만들었던 사람이다.

取境 외경을 취하다

詩不假修飾, 任其醜樸. 但風韻正, 天眞全, 卽名上等. 予曰：不然, 無鹽闕容而有德, 曷若文王太姒有容而有德乎. 又云：不要苦思, 苦思則喪自然之質. 此亦不然. 夫不入虎穴, 焉得虎子. 取境之時, 須至難·至險, 始見奇句. 成篇之後, 觀其氣貌, 有似等閑, 不思而得, 此高手也. 有時意靜神王, 佳句縱橫, 若不可遏, 宛若神助. 不然, 蓋由先積精思, 因神王而得乎.

"시는 수식을 빌리지 않고 추한 대로 질박한 대로 두어야 한다. 다만 풍운(風韻 : 기풍과 운치)이 바르고 본질이 온전해야 상등上等이라 할 수 있다"고 하는데, 나는 그렇지 않다고 생각한다. 무염無鹽[36]이 용모는 빠지고 덕만 있는 것이 어찌 문왕과 태사太姒[37]가 용모도 있고 덕도 있는 것

36 무염(無鹽) : 전국 대 제(齊)나라 무염읍(無鹽邑)의 추녀(醜女)인 종리춘(鍾離春)을 가리킨다. 나중에 제 선왕(齊宣王)의 정후(正后)가 되었다.

만 하겠는가. 또 "고심에 차서는 안 되니 고심에 차면 자연의 바탕을 잃는다"고 하는데 이것 역시 그렇지 않다. 호랑이 굴에 들어가지 않고서야 어떻게 호랑이를 잡겠는가. 외경을 취할 때 반드시 지극히 어렵고 지극히 험난해야 비로소 기묘한 구절을 얻을 수 있다. 한 편이 완성되고 나서 그 기상과 모습을 보았을 때, 한적한 듯해서 생각하지 않고도 얻는 것이 고수高手이다. 때로는 생각이 고요하고 정신이 왕성하여 아름다운 구절이 마구 흘러나와 막을 수 없는 기세가 마치 신의 도움이 있는 것 같기도 한다. 그것이 아니라면 먼저 정밀한 생각이 쌓여 정신이 왕성함으로 인해 얻어진 것이리라.

37 태사(太姒) : 문왕(文王)의 후비(后妃). 신분이 귀하면서도 부지런하고 부유하면서도 검소하며 시집을 간 뒤에도 친부모에 대한 효성이 지극했다는 내용의 『시경』「주남(周南)」「갈담(葛覃)」편에 전해온다.

重意詩例 의미를 중시하는 시의 예

兩重意已上, 皆文外之旨. 若遇高手, 如康樂公, 覽而察之, 但見情性, 不睹文字, 蓋詣道之極也. 向使此道, 尊之於儒, 則冠六經之首. 貴之於道, 則居衆妙之門. 精之于釋, 則徹空王之奧. 但恐徒揮斧斤, 而無其質, 故伯牙所以歎息也. 疇昔國朝協律郎吳競與越僧元監集秀句, 二子天機素少, 選又不精, 多采浮淺之言, 以誘蒙俗. 特入瞽夫偸語之便, 何異借賊兵而資盜糧, 無益於詩教矣.

의미가 두 겹 이상으로 겹친 것은 모두 문장 밖의 뜻이 담긴 것이다. 고수를 만났을 경우, 예컨대 강락공이 살펴본 뒤 내용(情性)만 보고 문자를 보지 않았다면 이는 도의 극치에 이른 것이다. 만일 이것이 유가에게서 존중을 받는다면 육경六經의 첫머리를 차지할 것이고, 도가에서 중시된다면 뭇 오묘함의 문門을 차지할 것이고, 석가에게서 정진한다면 부처의 심오함을 꿰뚫을 것이다. 다만 도끼만 휘둘러 그 바탕조

차 없어질까 두려우니, 그래서 백아伯牙[38]가 탄식했던 것이다. 옛날 국조(國朝 : 당나라) 협률랑協律郎 오경吳競이 월越의 승려 원감元鑑과 빼어난 시구들을 선집했는데, 두 분은 타고난 바탕이 본디 부족한 데다 선정도 정밀하지 못하여 부화하고 미천한 시들만 대부분 채택하여 어리석은 세속을 유혹했다. 단지 봉사가 말을 훔치는 편리함에 속할 뿐이니, 적에게 병기를 빌려주고 도적에게 양식을 내주는 것과 무엇이 다르겠는가. 시교詩教에 보탬이 없다.

38 백아(伯牙) : 춘추시대 거문고의 명인. 지음(知音)의 벗 종자기(鍾子期)가 죽자 금 소리를 들을 사람이 없다 하여 금의 현(絃)을 모두 끊고 다시는 타지 않았다는 고사가 전해진다.

질탕격跌宕格 2품二品

越俗세속을 뛰어넘다

其道如黃鶴臨風, 貌逸神王, 杳不可羈. 郭景純「遊仙」詩 : "左挹浮邱袂, 右拍洪崖肩." 鮑明遠「擬行路難」: "擧頭四顧望, 但見松柏園, 荊棘鬱蹲蹲. 中有一鳥名杜鵑, 言是古時蜀帝魂. 聲音哀苦鳴不息, 羽毛顦顇似人髡. 飛走樹間啄蟲螘, 豈憶往時一作日. 天子尊. 念玆死生變化非常理, 中心惻愴不能言."

그 모습은 황학黃鶴이 바람 앞에 설 때, 모습이 빼어나고 정신이 왕성하여 전혀 옭아맬 수 없는 것과 같다. 예컨대 곽경순(郭景純 : 곽박)의 「유선遊仙」에서 "왼손으로 부구浮丘[39]의 소매를 붙잡고, 오른손으로 홍애洪

39 부구(浮丘) : 부구옹(浮丘翁). 주 영왕(周靈王) 때의 선인(仙人). 일찍이 왕자 진(晉)과 함께 학을 타고 생황을 불며 숭산(嵩山)에서 노닐었다고 한다. 『태평부지(太平府志)』 참고.

崖[40]의 어깨를 친다[左把浮丘袖, 右拍洪崖肩]"와 포조의 시에서 "머리 들어 사방을 살펴보니, 울창한 소나무와 잣나무뿐이다. 가시덤불 가득 차 있고 그 안에 두견새가 있는데, 옛날 촉제蜀帝[41]의 넋이라 한다. 소리는 애달프게 멈추지 않고 깃털은 초췌하여 머리 깎은 사람 같다. 나무 사이에서 날며 벌레를 쪼아 먹으니, 어찌 지난날 존귀한 천자를 기억하랴. 죽고 삶이란 무상하다는 걸 떠올리며, 마음이 쓸쓸해 말할 수가 없다[擧頭四顧望, 但見松柏繁. 荊棘鬱叢叢, 中有一鳥名杜鵑, 言是古時蜀帝魂. 聲音哀苦鳴不息, 羽毛憔悴似人髡. 飛走樹間啄蟲蟻, 豈憶往日天子尊. 念玆死生變化非常理, 中心惻愴不能言]"와 같은 경우이다.

駭俗세속을 놀라게 하다

其道如楚有接輿, 魯有原壤. 外示驚俗之貌, 內藏達人之度. 郭景純「遊仙」詩 : "姮娥揚妙音, 洪崖頷其頤." 王梵志「道情」詩 : "我昔未生時, 冥冥無所知. 天公强生我, 生我復何爲. 無衣使我寒, 無食使我饑. 還你天公我, 還我未生時." 賀知章「放達」詩 : "落花眞好些, 一醉一回顚." 盧照鄰「勞作」詩 : "城狐尾獨束, 山鬼面參覃."

그 모습은 초나라의 접여接輿,[42] 노나라의 원양原壤[43]이 밖으로는 세

---

40 홍애(洪崖) : 황제(黃帝)의 신하로서 신선이 된 영륜(伶倫)의 호. 요임금 때 이미 나이가 삼천 살이었다고 한다. 『신선전(神仙傳)』 참고.

41 촉제(蜀帝) : 촉(蜀)나라 임금 두우(杜宇). 만년에 재상에게 제위를 선양하고 도망간 뒤 죽어서 두견(杜鵑)이 됐다는 전설이 전해진다.

42 접여(接輿) : 춘추시대 초나라의 은자로 공자와 동시대 사람이다. 『논어』 「미자(微子)」 참고.

43 원양(原壤) : 춘추시대 노나라 사람으로 공자의 친구이다. 예법을 무시해 공자로부터 정강이를 맞은 이야기가 전한다. 그가 공자의 앞에 걸터앉아 기다리니, 공자가 지팡이로

속을 놀라게 하는 모습을 보이나, 안으로는 통달한 사람의 도량을 감추고 있는 것과 같다. 예컨대 곽경순의 「유선」에서 "항아嫦娥가 오묘한 소리를 내자, 홍애가 턱을 끄덕인다[嫦娥揚妙音, 洪崖頷其頤]"와 왕범지王梵志의 「도정道情」에서 "내 지난날 태어나기 전에는, 아득하여 아는 것이 없었다. 하늘이 억지로 나를 낳았는데, 나를 낳아 무엇을 하려 한 것인가. 옷이 없어 나를 추위에 떨게 하고, 먹을 것이 없어 나를 굶주리게 한다. 아 당신 천공天公이여, 나를 태어나기 이전의 상태로 돌려다오[我昔未生時, 冥冥無所知. 天公强生我, 生我復何爲. 無衣使我寒, 無食使我飢. 還爾天公我, 還我未生時]"와 하지장賀知章의 「방달放達」에서 "낙화는 참으로 좋아서, 한 번 취하여 한 번 나자빠진다[落花眞好些, 一醉一回顚]"와 노조린盧照鄰의 「만작漫作」에서 "성 위 여우는 꼬리가 홀로 재빠르고, 산 귀신은 얼굴이 이어져 있다[城狐尾獨速, 山鬼面參覃]" 등이다.

그의 정강이를 두드리며 "어려서는 공손하지 못하고, 자라서는 들먹일 만한 것이 없고, 늙어도 죽지 않으니 이것이 적(賊)이라"고 했다. 『논어』「헌문(憲問)」 참고.

굴몰격淈沒格 1품一品

淡俗세속을 담백하게 하다

此道如夏姬當壚, 似蕩而貞. 采吳·楚之風, 然俗而正. 古歌曰 : "華陰山頭百尺井, 下有流泉徹骨冷. 可憐女子來照影, 不照其餘照斜領."

이 모습은 하희夏姬가 화로 앞에 있을 때 질탕한 듯하지만 정숙하고, 오초吳楚의 노래를 채록할 때 세속적이지만 바른 것과 같다. 예컨대 고가古歌에서 "화음산華陰山 머리의 백 척 샘물, 아래에는 뼛속까지 스미는 차가운 물이 흐른다. 어여쁘게도 여인이 와서 그림자를 비출 때, 다른 건 비추지 않고 비스듬한 목만 비춘다[華陰山頭百尺井, 下有流泉徹骨冷. 可憐女子來照影, 不照其餘照斜領]"가 그것이다.

조소격調笑格 1품一品

戱俗세속을 농하다

『漢書』云 : “匡鼎來, 解人頤.” 蓋說『詩』也. 此一品非雅作, 足爲談笑之資矣. 李白「上雲樂」 : “女媧弄黃土, 摶作愚下人. 散在六合間, 蒙蒙若沙塵.”

『한서漢書』에서 “광匡[44]이 정鼎을 갖고 올 때, 사람의 턱을 끄덕이게 한다[匡鼎來, 解人頤]”는 시를 설명한 것이다. 이 1품은 정상적인 작품이 아니며, 담소의 자료로만 삼을 뿐이다. 예컨대 이백李白의 「광영狂詠」에서 “여와가 황토를 만지작거려, 어리석은 사람을 만들어 놓았다. 육합

44 광정(匡鼎) : 한(漢) 광형(匡衡)의 어릴 적 자(字)이다. 일찍이 『시경』을 전공해, 당시 제유들로부터, “시를 말하지 말라, 광형이 곧 올 것이다. 광형이 시를 말하면, 모두 입이 벌어질 것이다[無說詩, 匡鼎來. 匡說詩, 解人頤]”라는 말을 들었다.

(六合 : 세계) 안에 뿌려 놓았으니, 아득히 먼지 티끌과 같다[女媧弄黃土, 摶作愚下人. 散在六合間, 濛濛若埃塵]' 등이다.

對句不對句 대구와 불대구

上句偶然孤發, 其意未全, 更資下句引之方了. 其對語一句便顯, 不假下句, 此少相敵, 功夫稍殊. 請試論之 : 夫對者, 如天尊地卑, 君臣父子, 蓋天地自然之數. 若斤斧跡存, 不合自然, 則非作者之意. 又詩語二句相須, 如鳥有翅, 若惟擅工一句, 雖奇且麗, 何異於鴛鴦五色, 隻翼而飛者哉.

상구上句가 홀로 나타나 그 의미가 완전하지 못할 때는 다시 하구下句를 빌려 그 의미를 이끌어주어야만 완성이 된다. 상대를 이루는 시어가 한 구절에서 다 드러나 버리면 다음 구절의 도움을 빌리지 않게 되는데 이것은 상대를 이루는 경우가 적어서 공부功夫가 조금 남다르다. 이를 구체적으로 논해보자면, 대對란 천존天尊과 지비地卑, 군신君臣과 부자父子의 경우로서 천지자연의 숫자이다. 만일 도끼 흔적이 남아서 자연에 부합되지 못한다면 작가의 본뜻이 아니다. 또 시어는 두 구절이 서로 힘이 돼야 하니 마치 새가 두 날개를 갖고 있는 것과 같다. 만일 한 구절만 뛰어나면 아무리 기묘하고 미려하다고 해도 오색의 원앙이 홀로 날개 쳐 날아가는 것과 무엇이 다르겠는가.

三不同語意勢 세 가지 다른 말과 의미와 형세

不同可知矣. 此則有三同, 三同之中, 偸語最爲鈍賊. 如漢定律令, 厥罪必書, 不應爲. 鄼侯務在匡佐, 不暇采詩. 致使弱手蕪才, 公行劫掠. 若評質以道, 片言可折, 此輩無處逃刑. 其次偸意, 事雖可罔, 情不可原. 若欲一例平反, 詩教何設. 其次偸勢, 才巧意精, 若無朕跡, 蓋詩人偸狐白裘於閫域中之手. 吾示賞俊, 從其漏網.

다른 것은 알 수 있다. 여기에는 세 가지 다른 것이 있는데, 세 가지 다른 것 가운데 투어(偸語 : 말을 훔침)가 가장 나쁜 적이다. 예컨대 한나라가 율령을 제정하여 그 죄를 반드시 써놓았다면 이를 범하지 않았을 것이다. 찬후(鄼侯 : 소하蕭何)가 바르게 보좌하려고 힘썼으나 미처 시를 채집하지 못해서, 나약한 솜씨와 거친 재능을 가진 자들이 공공연하게 겁탈, 노략하게 만들었다. 만일 도에 근거해 평가해서 한마디로 결론 내린다면 이런 무리들은 형벌에서 벗어날 수 없을 것이다. 그다음은 투의(偸意: 의미를 훔침)이니, 줄거리를 속일 수 있고 정상을 파헤칠 수는 없지만 만일 모든 것을 다시 원상에 맞게 평가하려 든다면 어떻게 시교詩教가 베풀어질 수 있겠는가. 그다음은 투세(偸勢: 형세를 훔침)이니, 재능이 뛰어나고 생각이 정밀하여 기미와 흔적이 없는 것처럼 보이는 것이다. 이는 그 시인이 흰여우가죽옷을 집안에서 훔쳐오는 솜씨[45]를 갖추고 있는 것이니, 나는 그에게 준수하다고 상을 주고 그물이 샌 것을 그대로 둘 것이다.

45 흰여우 …… 솜씨 : 전국시대 제나라 맹상군(孟嘗君)이 진(秦)에 붙들려 있을 때, 그의 문객이 개구멍 도적질을 해서 진왕의 흰여우가죽옷을 훔쳐 진왕의 애희(愛姬)에게 바치고 풀려나왔다는 고사를 가리킨 것이다.

偸語詩例 말을 훔친 시의 예

如陳後主「入隋侍宴應詔」詩 : "日月光天德", 取傅長虞「贈何劭王濟」詩 : "日月光太清." 上三字同, 下二字義同.

예컨대 진후주(陳後主 : 진숙보陳叔寶), 「입수시연응조入隋侍宴應詔」의 "해와 달은 하늘의 덕을 빛나게 하고[日月光天德]"는 부장우(傅長虞 : 부함傅咸), 「증하소왕제贈何劭王濟」의 "해와 달이 태청을 빛나게 한다[日月光太淸]"에서 취해온 것이니, 위 세 글자는 같고 아래 두 글자는 의미가 같다.

偸意詩例 내용을 훔친 시의 예

如沈佺期「酬蘇味道」詩："小池殘暑退，高樹早涼歸"，取柳惲「從武帝登景陽樓」詩："太液滄波起，長楊高樹秋."

예컨대 심전기沈佺期, 「수소미도酬蘇味道」의 "작은 연못에 남은 더위 물러나자, 높은 나무에 이른 서늘함이 돌아온다[小池殘暑退，高樹早涼歸]"는 유혼柳惲, 「종무제등경양루從武帝登景陽樓」의 "태액궁에 물결이 일자, 장양궁 높은 나무에 가을이 찾아온다[太液滄波起，長楊高樹秋]"에서 취해온 것과 같은 경우이다.

偸勢詩例 형세를 훔친 시의 예

如王昌齡「獨遊」詩：“手攜雙鯉魚, 目送千里雁. 悟彼飛有適, 嗟此罹憂患.” 取嵇康「送秀才入軍」詩：“目送歸鴻, 手揮五弦. 俯仰自得, 遊心泰玄.”

예컨대 왕창령王昌齡, 「독유獨遊」의 “손에는 한 쌍의 잉어를 들고, 눈은 천 리 길 기러기를 보낸다. 아 저들은 제 뜻에 맞춰 날아가는데, 나는 걱정에 휩싸였다[手攜雙鯉魚, 目送千里雁. 悟彼飛有適, 嗟此罹憂患]”는 혜강嵇康, 「송수재입군送秀才入軍」의 “눈으로 돌아가는 기러기를 보내고, 손으로 오현금을 탄다. 스스로 만족한 삶을 누리며, 태현(泰玄 : 심오한 진리)에 마음 노닌다[目送歸鴻, 手揮五弦. 俯仰自得, 遊心泰玄]”에서 취해 온 것과 같은 경우이다.

品藻품조

古來詩集, 多有不公, 或雖公而不鑒. 今則不然. 與二三作者, 縣衡於衆製之表, 覽而鑒之, 庶無遺矣. 其華豔如百葉芙蓉, 菡萏照水. 其體裁如龍行虎步, 氣逸情高. 脫若思來景遏, 其勢中斷, 亦有如寒松病枝, 風擺半折.

예로부터 시 모음집은 대부분 공평하지 못하며 공평하다고 해도 감별이 정확하지 않다. 그러나 지금은 그렇지 않다. 두세 사람의 작가와 더불어 많은 작품들을 저울에 달아놓고 감별하면 거의 유실이 없다. 그 화려함과 곱기는 잎 많은 부용芙蓉에다 연봉오리가 물을 비추는 듯하고, 그 체재는 용이 움직이고 호랑이가 길을 걸으며 기운이 넘치고 정취가 드높은 듯하다. 만일 생각이 떠오르는데 외경이 가로막으면 그 흐름이 중간에 끊겨, 겨울 소나무의 병든 가지가 바람에 꺾여 반으로 부러지는 것과 같은 경우가 있을 것이다.

辨體有一十九字 시체를 구분하는 데 19글자가 있다

夫詩人之思, 初發取境偏高, 則一首擧體便高, 取境偏逸, 則一首擧體便逸. 才性【一作情性】等字亦然, 故各歸功一字. 偏高・偏逸之例, 直于詩體・篇目・風貌不妨. 一字之下, 風律外彰, 體德內蘊, 如車之有轂, 衆輻歸焉. 其一十九字, 括文章德體, 風味盡矣, 如『易』之有象辭焉. 今但注於前卷中, 後卷不復備擧. 其比興等六義, 本乎情思, 亦蘊乎十九字中, 無復別出矣.

시인의 생각이 처음 출발할 때 외경을 취한 것이 고상하면 그 시 전체가 모두 고상하고, 외경을 취한 것이 표일飄逸하면 그 시 전체가 표일하다. 재성才性【정성情性으로도 쓴다】 등의 글자도 마찬가지다. 따라서 각자 한 글자에 그 공이 귀결된다. 고상과 표일의 예는 시체와 편목篇目과 풍모에 방해가 되지 않는다. 한 글자를 중심으로 기풍과 운율이 밖으로 드러나고 체體와 덕德이 내면에 쌓인 것이 마치 수레의 바퀴에 많은 바퀴살이 모여 있는 것과 같다. 19자는 문장의 덕과 체를 포괄하여 풍미風味가 다 들어 있으니, 마치 『역경』에 「단사彖辭」가 있는 것과 같다. 지금 앞 권에서만 주석을 내고 뒤 권에서는 또다시 거론하지 않는다. 비·흥 등의 육의六義는 정사(情思: 정서와 심정)에 근본을 두지만, 또한 19글자 안에 온축되어 있으므로 다시 별도로 나열할 것이 없다.

高【風韻切暢曰高】 逸【體格閑放曰逸】 貞【放詞正直曰貞】 忠【臨危不變曰忠】 節【持節不改曰節】 志【立志不改曰志】 氣【風情耿耿曰氣】 情【緣情不盡曰情】 思【氣多含蓄曰思】 德【詞溫而正曰德】 誡【檢束防閑曰誡】 閑【情性疏野曰閑】 達【心跡曠誕曰達】 悲【傷甚曰悲】 怨【詞理淒切曰怨】 意【立言曰意】 力【體裁勁健曰力】 靜【非如松風不動】, 林狖未鳴, 乃謂意中之靜】 遠【非謂淼淼望水, 杳杳看山, 乃謂意中之遠】

고高【기풍과 운치가 활짝 펼쳐지는 것을 고라 한다】 일逸【체體와 격格이 거침없는 것을 일이라 한다】 정貞【구사된 시어가 바르고 곧은 것을 정이라 한다】 충忠【위기 앞에서 변하지 않는 것을 충이라 한다】 절節【절개를 지켜 변치 않는 것을 절이라 한다】 지志【뜻을 세워 변치 않는 것을 지라 한다】 기氣【기풍과 정취가 넘치는 것을 기라고 한다】 정情【정취가 끝없이 이어지는 것을 정이라 한다】 사思【기氣에 함축이 많은 것을 사라고 한다】 덕德【시어가 온화하며 바른 것을 덕이라 한다】 계誡【단속하고 방어하는 것을 계라고 한다】 한閑【정情과 성性이 소탈하고 꾸밈없는 것을 한이라 한다】 달達【마음이 드넓게 펼쳐진 것을 달이라 한다】 비悲【상심이 심한 것을 비라고 한다】 원怨【시어의 내용이 매우 서글픈 것을 원이라 한다】 의意【말을 새로 만든 것을 의라고 한다】 력力【체재가 굳건한 것을 력이라 한다】 정靜【소나무에 바람이 일지 않고 숲에 원숭이가 울지 않는 것과는 다른 것으로, 의미상의 정을 말하는 것이다】 원遠【멀리 강물을 바라보고 아득히 산을 바라보는 것과는 다른 것으로, 의미상의 원을 말한 것이다】

『이십사시품二十四詩品』

당唐 사공도司空圖

사공도司空圖, 『이십사시품二十四詩品』 해제

사공도(837~918)는 자가 표성表聖이며 만년에 스스로 지비자知非子, 내욕거사耐辱居士라고 칭했다. 당나라 의종懿宗 함통咸通 10년(869)에 과거에 급제했고 연이어 예부시랑 왕응王凝과 재상 노휴盧携의 눈에 들어 중용되었다. 광록사光祿寺 주부主簿, 예부원외랑禮部員外郞, 예부낭중禮部郞中, 지제고知制誥, 중서사인을 역임했다. 나중에 황소의 난 이후 조정의 힘이 약해지고 천하가 어지러워지자 중조산中條山 왕관곡王官谷에 은거했다. 이후 소종昭宗 때 간의대부諫議大夫, 호부시랑, 병부시랑 등으로 여러 차례 조정의 부름을 받았지만 병을 이유로 사양했다. 후량後梁이 당을 찬탈하고 예부상서로 불렀을 때도 응하지 않았다. 그리고 이듬해 당 애제哀帝가 피살되었다는 소식을 접하고는 끼니를 끊고 칠십이 세의 나이로 사망했다. 저서로 『사공표성문집』 10권, 『사공표성시집』 5권, 『이십사시품』 한 권이 있다.

난세에 살았던 사공도는 유, 불, 도 3가의 사상을 겸비했지만 은거

뒤에는 도가와 불가에 더 빠졌다. 이것은 그의 처세뿐만 아니라 시 창작 및 시 이론에도 영향을 끼쳤다. 먼저, 사공도의 시인으로서의 위치는 그리 두드러지지 않는다. 술을 마시고 시를 짓는 것을 즐겨했으며 특히 오·칠언절구에 뛰어났다. 그의 시는 산림에 은거하는 정취나 시대 상황에 대한 슬픔을 노래하며 한적하고 담원한 격조를 보인다.

사공도『이십사시품』은『시품』이라고도 하며 한 권이다. 책 전체를 통해 시의 풍격과 의경을 24가지 유형으로, 즉 '웅혼', '충담', '섬농纖穠', '침착', '고고高古', '전아典雅', '세련洗煉', '경건勁健', '기려綺麗', '자연', '함축', '호방', '정신', '진밀縝密', '소야疏野', '청기淸奇', '위곡委曲', '실경實境', '비개悲慨', '형용', '초예超詣', '표일', '광달曠達', '유동流動'으로 나누었다. 그리고 각 풍격과 의경마다 12구 4언의 운어韻語로 묘사와 해석을 시도했다.

이처럼 사공도의『이십사시품』은 시 이론 및 비평 저작으로서 형식적으로 매우 독특하다. 스물네 가지 시의 풍격과 의경을 설명하면서도 추상적인 경계 설정이나 비논리적인 해석은 전혀 없고 시적 언어와 시적 상상으로 각 풍격과 의경을 구현함으로써 독자들이 복잡한 심미적 체험을 경유해 스스로 그 특정한 취지를 파악하게끔 하였다. '전아'에 대한 설명을 예로 들면, "옥호玉壺에 술을 사와, 초가에서 비를 감상한다. 자리에는 명사들이 모이고, 좌우에는 대숲이 시원하다. 비 개이며 구름 피어오르고, 산새들 지저귀며 날아간다. 늘 아래 금을 베고 자거늘, 저 위에 폭포수 떨어진다. 꽃은 말없이 지고, 사람은 국화처럼 담백하다. 계절의 광경을 글로 옮기니, 참 읽을 만하다(玉壺買春, 賞雨茅屋. 坐中佳士, 左右修竹. 白雲初晴, 幽鳥相逐. 眠琴綠陰, 上有飛瀑. 落花無言, 人澹如菊. 書之歲華, 其曰可讀"라고 했으며, 또 '청기'에 대해서는 "아름다운 소나무 숲, 그 아래 맑은 물이 흐른다. 흰 눈은 물가에 가득하고, 시내 건너 고깃배 떠있다. 옥같이 고운 사람이, 나막신 신고 그윽한 곳을 찾는다. 가다가 서며, 창공이 드넓다. 정신이 예스럽고 기특해, 담백함을 이루

담을 수 없다. 새벽을 깨친 달과 같고, 가을 공기와 같다[涓涓羣松, 下有漪流. 晴雪滿竹, 隔溪魚舟. 可人如玉, 步屧尋幽. 載瞻載止, 空碧悠悠. 神出古異, 淡不可收. 如月之曙, 如氣之秋]"라고 했다. 이런 표현 방식은, 깨달음을 중시하고 사변을 경시하는 중국 고대 시 이론의 전통을 더 극단적인 경지로 몰고 가는 계기가 되기도 했다.

사공도는 엄청나게 발전했던 당대의 시 창작에 영향을 받아, 다양한 시 풍격과 의경을 세밀하게 귀납, 개괄하였고 대단히 총체적인 성과를 거두었다. 『이십사시품』에 열거된 것들을 보면 '충담', '위곡'은 음유陰柔에, '웅혼', '호방'은 양강陽剛에, '고고', '소야'는 소박素朴에, '섬농', '기려'는 화려함에 치우친 것들이다. 그래서 『사고전서총목』에서는 "모든 시체詩體를 완비했다[諸體畢備]"고 하였다. 그러나 다양한 시품에 대해 서술을 전개하면서도 사공도는 비교적 일관된 미학적 관점을 견지하였다.

우선 『이십사시품』은 계속 '자연'을 중시한다. 책 안에서 '자연'이라는 시품을 따로 설정하여 "구부려 주우면 그것이므로 다른 데서 취하지 말아야 한다. 도와 함께 나아가, 시작하면 곧 봄이 된다. 활짝 핀 꽃을 만난 듯하고 새 해를 보는 듯하다. 자연이 준 것은 뺏기지 않고, 억지로 얻은 것은 잃기 쉽다. 고요한 산에 홀로 사는 사람이 물을 찾아가 마름을 딴다. 자연의 정상을 깨치니 유유자적한 자연의 법칙이다[俯拾卽是, 不取諸鄰. 與道適往, 著手成春. 如逢花開, 如瞻歲新. 眞與不奪, 强得易貧. 幽人空山, 過雨采蘋. 薄言情悟, 悠悠天鈞]"라고 해설했을 뿐만 아니라, 자연을 각 시품들에 대해 공통적으로 요구되는 내적 요건으로 보았다. 예를 들어 '웅혼'에서는 "유지할 때 억지가 없어야 다가옴이 끝이 없다[持之匪强, 來之無窮]"고 하였고, '충담'에서는 "가만히 말없이 지내야 오묘한 추이를 확보한다[素處以默, 妙機其微]"고 하였으며, '정신'에서는 "자연의 오묘함에 나아간 것을 누가 관여하랴[妙造自然, 伊誰與裁]"라고, 또 '소야'에서는 "어쩌다 기분에 맞는다 해도 어찌 반드시 작위가 들어있으랴.

만약 그것이 자연의 방임이라면 이와 같이 지내겠다[倘然適意, 豈必有爲. 若其天放, 如是得之]", '실경'에서는 "본성이 닿은 곳은 오묘하여 스스로 찾지 않아도 된다. 자연으로부터 얻은 것은 조용히 스치는 미묘한 음이다[情性所至, 妙不自尋. 遇之自天, 泠然希音]"라고 하였다. 자연을 근본으로 하는 이런 미학관념은 확실히 도가사상의 영향과 계발을 받은 것으로 보인다.

그다음으로 『이십사시품』은 담원淡遠하고 초일超逸한 심미적 품격을 각 시품들 속에 함유시켰다. 한편으로 이미 '충담', '고고', '함축', '소야', '초예', '표일', '광달' 등의 관련 품격이 있기도 하지만, 다른 한편으로 '기려'도 "화려함은 소진되면 반드시 메마르고, 담백함은 갈수록 심오하다[濃盡必枯, 淡者屢深]"고 하고 '실경'도 "갑자기 청정한 사람 만날 때, 도심을 보는 것처럼 해야 한다[忽逢幽人, 如見道心]"라고 하였다. 이 밖에 맑고 그윽한 경물이나 초탈한 심리 상태 및 형적形迹에 비유하여 각 식품의 요체를 표현한 경우가 많다. 이런 것들은 모두 담원하고 초일한 풍미와 운치를 사공도가 특히 선호했음을 나타낸다.

『이십사시품』은 주로 시의 풍격과 의경을 해설하기는 하지만 사이사이 주목할 만한 이론적 견해를 제시한다. 예를 들어 '웅혼'에서 "형상 밖으로 초월해야만 세계의 중심을 얻는다[超以象外, 得其環中]"라고 한 것은 허와 실이 상생하는 의경의 특징을 나타내며, '진밀'에서 "이미지가 나올 듯하나 조화는 이미 기묘하다[意象欲生, 造化已奇]"라고 한 것은 시가 감정과 외적 사물의 결합으로 조화로운 이미지를 구성해야 함을 지적한다. 또 '형용'에서는 "외형을 떠나 유사함을 얻으면 이 사람에 거의 가까워진다[離形得似, 庶幾斯人]"고 해서 시가 외형을 초월해 신사神似를 추구해야 한다고 요구한다. 마지막으로 '함축'에서 "한 글자도 쓰지 않아도 풍류를 다 얻는다[不著一字, 盡得風流]"고 한 것은 시의 의경에서 뜻이 말 밖에 있어야 함을 설명하고, "얕고 깊고, 모이고 흩어져 만 가지를 하나로 취합한다[淺深聚散, 萬取一收]"고 한 것은 시 창작이 "적은 것으로 많은 것을 통괄해야 한다[以少總多]"는 문제와 관련이 있다. 이상과 같이 사공도는 시 창작의 예술적 규칙과 시 의경의 심미적 특징에 대해 깊은 식견을 갖고 있었다.

사공도의 『이십사시품』은 시의 풍격과 의경을 해설하고 시의 예술적 규칙을 탐색하여 후대에 큰 영향을 끼쳤다. 남송의 엄우嚴羽와 청대 왕사정王士禛의 시론은 모두 사공도의 『이십사시품』과 일맥상통한다. 또한 『이십사시품』의 특수한 형식을 모방한 작품들도 후대에 많이 창작되었다. 청대 원매袁枚의 『속시품續詩品』, 고한顧閑의 『보시품補詩品』, 양기생楊夔生의 『속사품續詞品』, 마영조馬榮祖의 『문송文頌』, 허봉은許奉恩의 『문품文品』, 위겸승魏謙升의 『이십사부품二十四賦品』 등이 그런 유에 속한다.

사공도의 『이십사시품』은 『설부說郛』, 『진체비서』, 『속백천학해續百川學海』, 『학진토원』, 『역대시화』, 『담예주총談藝珠叢』, 『총서집성叢書集成』 등의 여러 총서에 수록되었고 『전당시全唐詩』에서도 수록하였다.

雄渾 웅혼

大用外腓, 眞體內充. 反虛入渾, 積健爲雄. 備具萬物, 橫絶太空, 荒荒油雲, 寥寥長風. 超以象外, 得其環中. 持之匪强, 來之無窮.

대용大用은 밖에 자유롭고 진체眞體는 안에 충만하다. 공허로 돌아와야 혼후渾厚로 들어오고 굳건함이 쌓여야 웅장함이 된다. 만물이 모두 구비되면 태공太空을 가로지른다. 뭉게구름 무럭무럭 피어오르고 장쾌한 바람 솔솔 불어온다. 형상 밖을 초월해야만 세계의 중심을 얻는다. 유지할 때 억지가 없어야 다가옴이 끝이 없다.

沖澹 충담

素處以默, 妙機其微. 飮之太和, 獨鶴與飛. 猶之惠風, 荏苒在衣. 閱音修篁, 美日載歸. 遇之匪深, 卽之愈希. 脫有形似, 握手已違.

가만히 말없이 지내야 오묘한 추이를 확보한다. 태화太和를 마시면, 홀로 학과 함께 날 것이다. 마치 따스한 바람이 옷깃에 묻어나는 것과 같다. 대숲의 소리를 듣고 아름다워 싣고 가리라 한다. 만나보면 깊지 않지만 다가가면 더욱 아스라하다. 만일 외형에 구애된 것이 있으면 잡는 순간 이미 어긋난다.

纖穠 섬농

采采流水, 蓬蓬遠春. 窈窕深谷, 時見美人. 碧桃滿樹, 風日水濱. 柳陰路曲, 流鶯比鄰. 乘之愈往, 識之愈眞. 如將不盡, 與古爲新.

찰랑찰랑 물이 흐르고 무럭무럭 봄이 피어난다. 그윽한 골짜기에서 때마침 미인을 본다. 푸른 복숭아 주렁주렁 열리고 물가에 바람과 햇살이 따스하다.

버드나무 그늘 길이 나 있고 꾀꼬리는 주위에서 지저귄다. 올라타면 더욱 멀리 가고 알아내면 사실로 느껴진다. 끝이 없을 듯하고 고인과 견주어 새로워진다.

沉著 침착

綠林野屋, 落日氣淸. 脫巾獨步, 時聞鳥聲. 鴻雁不來, 之子遠行. 所思不遠, 若爲平生. 海風碧雲, 夜渚月明. 如有佳語, 大河前橫.

초록빛 삼나무 시골집, 저물녘에 공기가 맑다. 두건을 벗고 혼자 걸으며, 이따금 새소리를 듣는다. 기러기는 오지 않고, 님은 멀리 떠났다. 그리운 이 멀리 있지 않아, 평생을 같이 할 것으로 여긴다. 바닷바람에 구름 푸르고, 한밤 물가에 달이 밝다. 좋은 말 있을 듯한데, 큰 강물만 가로질러 흐른다.

高古 고고

畸人乘眞, 手把芙蓉. 泛彼浩劫, 窅然空縱. 月出東斗, 好風相從. 太華夜碧, 人聞淸鍾. 虛佇神素, 脫然畦封. 黃唐在獨, 落落玄宗.

기인畸人[1]이 참 기운을 타고, 손에 연꽃을 들었다. 저 무한의 영겁永劫에 떠서, 아련히 자취를 감췄다. 달이 동방에서 솟자, 산들 바람이 함께 분다. 화산華山의 밤은 깊고, 사람은 청아한 종소리를 듣는다. 텅 빈 마음으로, 세속의 경계를 벗어났다. 황제黃帝와 요제堯帝에게 홀로 다가가, 현묘함의 원천에 서있다.

---

1 기인(畸人) : 세상과 어울리지 않고 예법에 구속되지 않는 탈속한 사람을 말한다. 『장자』 「대종사(大宗師)」 "기인이란 인간 세상에는 맞지 않으나 하늘과는 짝하는 사람이다"에서 거론되었다.

典雅 전아

玉壺買春, 賞雨茅屋. 坐中佳士, 左右修竹. 白雲初晴, 幽鳥相逐. 眠琴綠陰, 上有飛瀑. 落花無言, 人澹如菊. 書之歲華, 其曰可讀.

옥 주전자에 술을 사와, 초가에서 비를 감상한다. 자리에는 명사들이 모이고, 좌우에는 대숲이 시원하다. 비 개이며 구름 피어오르고, 산새들 지저귀며 날아간다. 그늘 아래 금을 베고 자거늘, 저 위에 폭포수 떨어진다. 꽃은 말없이 지고, 사람은 국화처럼 담백하다. 계절의 광경을 글로 옮기니, 참 읽을 만하다.

洗煉세련

如礦出金, 如鉛出銀. 超心鍊冶, 絶愛緇磷. 空潭瀉春, 古鏡照神. 體素儲潔, 乘月反眞. 載瞻星辰, 載歌幽人. 流水今日, 明月前身.

광석에서 금이 나오는 듯하고, 납에서 은이 나오는 듯하다. 초탈의 자세로 단련해야 하고, 냉정한 자세로 굳게 지켜야 한다. 텅 빈 호수에 봄이 흐르고, 옛 거울에 정신이 투영된다. 소박함을 몸에 담고 청결함을 쌓아, 달을 타고 진리로 돌아간다. 별들을 바라보고, 조용한 삶을 노래한다. 흐르는 물은 오늘의 모습이고, 밝은 달은 전생의 모습이라.

勁健경건

行神如空, 行氣如虹. 巫峽千尋, 走雲連風. 飮眞茹强, 蓄素守中. 喩彼行健, 是謂存雄. 天地與立, 神化攸同. 期之以實, 御之以終.

마음을 씀은 허공 같고, 기운을 씀은 무지개 같다. 천 길 무협巫峽에, 구름이 흐르고 바람이 분다. 진리를 마시고 강건함을 먹으며, 소박함을 축적하고 중심을 지킨다. 저 '운행의 굳건함'은, '웅장함을 보존'하는 것이라 한다. 천지가 함께 더불어 서고, 신령의 변화와 함께하는 것이다. 충실함을 기약하고, 마지막까지 지켜야 한다.

綺麗기려

神存富貴, 始輕黃金. 濃盡必枯, 淡者屢深. 霧餘水畔, 紅杏在林. 月明華屋, 畫橋碧陰. 金樽酒滿, 伴客彈琴. 取之自足, 良殫美襟.

마음속에 부귀함을 가져야, 비로소 황금이 가볍게 보인다. 화려함은 소진되면 반드시 메마르고, 담백함은 갈수록 심오하다. 자욱한 안개는 물가에 펼쳐지고, 붉은 살구는 숲 속에 있다. 화려한 저택에 달이 밝고, 푸른 그늘에 그림 같은 다리 걸쳤다. 황금 술병에 술 가득하고, 손님은 거문고를 탄다. 이것만으로도 충분히, 진정 고운 회포를 맘껏 펼 수 있다.

自然자연

俯拾即是, 不取諸鄰. 與道適往, 著手成春. 如逢花開, 如瞻歲新. 眞與不奪, 强得易貧. 幽人空山, 過雨采蘋. 薄言情悟, 悠悠天鈞.

구부려 주우면 그것이므로, 다른 데서 취하지 말아야 한다. 도와 함께 나아가, 시작하면 곧 봄이 된다. 활짝 핀 꽃을 만난 듯하고, 새 해를 보는 듯하다. 자연이 준 것은 뺏기지 않고, 억지로 얻은 것은 잃기 쉽다. 고요한 산에 홀로 사는 사람이, 물가에 가서 마름을 딴다. 마음속 깊이 깨치니, 유유자적한 자연의 법칙이다.

含蓄 함축

不著一字, 盡得風流. 語不涉己, 若不堪憂.
是有眞宰, 與之沉浮. 如滿綠酒,① 花時反秋.
悠悠空塵, 忽忽海漚. 淺深聚散, 萬取一收.

① 談藝珠叢本作'如綠滿酒'

한 글자도 쓰지 않아도, 풍류를 다 얻는다. 말이 자신과 연계되지 않아도, 우환을 감내하지 못한 듯하다. 여기에 참 주재자가 있어, 부침을 함께 한다. 술이 가득 차 넘치듯 하고, 꽃이 피려 할 때 가을을 만나 움츠리는 듯하다. 아련한 허공의 먼지이고, 사라지는 바닷물 거품이다. 얕고 깊고, 모이고 흩어져, 만 가지를 하나로 취합한다.

① 『담예주총談藝珠叢』본에는 '如綠滿酒'로 돼있다.

豪放호방

觀化匪禁, 呑吐大荒. 由道反氣, 處得以狂. 天風浪浪, 海風蒼蒼. 眞力彌滿, 萬象在旁. 前招三辰, 後引鳳凰. 曉策六鼇, 濯足扶桑.

구애받는 것 없이 꽃을 구경할 때, 대황산大荒山에 해와 달이 뜨고 진다. 도를 경유해 원기元氣로 돌아가면, 제 뜻에 맞춰 맘껏 살아간다. 하늘에 바람이 찰랑대고, 바다와 산은 푸르다. 참 힘이 가득차고, 만상이 옆에 있다. 앞으로는 달과 별과 해를 부르고, 뒤로는 봉황을 이끈다. 새벽에 여섯 거북을 채찍질하여 부상扶桑에 가서 발을 씻는다.

精神정신

欲反不盡, 相期與來. 明漪絶底, 奇花初胎. 青春鸚鵡, 楊柳樓臺. 碧山人來, 清酒深杯. 生氣遠出, 不著死灰. 妙造自然, 伊誰與裁.

돌아가려 하나 끝이 없어, 서로 기약하여 함께 온다. 맑은 물결은 땅 밑까지 보이고, 기묘한 꽃은 막 망울을 터뜨린다. 싱그러운 봄의 앵무새요, 버들 늘어진 누대다. 청산에 사는 사람 찾아와, 맑은 술을 술잔 가득 따른다. 생기가 심원에서 솟아나, 죽은 재의 모습이 보이지 않는다. 자연의 오묘함에 나아간 것을, 누가 관여하랴.

縝密 진밀

是有眞跡, 如不可知. 意象欲生,① 造化已奇. 水流花開, 清露未晞. 要路愈遠, 幽行爲遲. 語不欲犯, 思不欲癡. 猶春於綠, 明月雪時.

① '生', 唐代叢書本作 '出.'

여기에 자연의 자취 있으니, 알 수가 없을 것 같다. 이미지가 나올 듯하며, 조화는 이미 기묘하다. 물 흐르고 꽃이 피며, 맑은 이슬 마르지 않았다. 요로는 아득히 멀고, 발걸음은 더디기만 하다. 말로 침범하고 싶지 않고, 생각이 막히고 싶지 않다. 푸른 봄날과 같고, 흰 눈에 휘영청 달 밝은 것 같다.

① '生'은 『당대총서唐代叢書』본에 '出'로 돼있다.

疏野 소야

惟性所宅, 直取弗羈. 控物自富, 與率爲期. 築室松下, 脫帽看詩. 但知旦暮, 不辨何時. 倘然適意, 豈必有爲. 若其天放, 如是得之.

오직 본성이 머무는 대로 하여, 천진함을 취하고 세속에 얽매이지 않아야 한다. 사물을 안으면 절로 넉넉해지는 터, 진솔함을 기준으로 삼아야 한다. 소나무 아래 집을 짓고, 모자 벗고 시를 본다. 아침과 저녁만 알 뿐, 어느 때인지는 생각하지 않는다. 어쩌다 기분에 맞는다 해도, 어찌 반드시 작위가 들어 있으랴. 만약 그것이 자연의 방임放任이라면, 더불어 같이 지내겠다.

清奇청기

涓涓羣松, 下有漪流. 晴雪滿竹,① 隔溪魚舟. 可人如玉, 步屧尋幽. 載瞻載止, 空碧悠悠. 神出古異, 淡不可收. 如月之曙, 如氣之秋.

① '竹', 珠叢本作'汀.'

아름다운 소나무 숲, 그 아래 맑은 물이 흐른다. 흰 눈은 물가에 가득하고, 시내 건너 고깃배 떠있다. 옥같이 고운 사람이, 나막신 신고 그윽한 곳을 찾는다. 가다가 서면, 창공이 드넓다. 정신이 예스럽고 기특하여 담백함을 이루 담을 수 없다. 새벽을 깨친 달과 같고, 가을 공기와 같다.

① '竹'은 『담예주총』본에 '汀'으로 돼있다.

委曲 위곡

登彼太行, 翠繞羊腸. 杳靄流玉, 悠悠花香. 力之於時, 聲之於羌. 似往已迴, 如幽匪藏. 水理漩洑, 鵬風翱翔. 道不自器, 與之圓方.

태행산太行山에 오르니, 구불구불 푸른빛이 감쌌다. 아련한 안개에 옥빛이 흐르고, 꽃향기 저 멀리 스민다. 제때에 힘주어 쏘고, 강적(羌笛 : 호돌기) 소리 들려온다. 떠난 듯하나 이미 돌아오고, 그윽한 듯하나 감춰지지 않았다.

물결은 무늬를 이루고, 붕새는 나래를 편다. 도는 스스로 국한되지 않고, 둥근 대로 모난 대로 있다.

實境실경

取語甚直, 計思匪深. 忽逢幽人, 如見道心. 清澗之曲, 碧松之陰. 一客荷樵, 一客聽琴. 情性所至, 妙不自尋. 遇之自天, 泠然希音.

말의 선택은 매우 정직해야 하고, 계산이 깊어서는 안 된다. 갑자기 청정한 사람 만났을 때는 도심道心을 보는 것처럼 해야 한다. 굽이굽이 흐르는 맑은 시냇물, 푸른 소나무의 그늘이다. 한 사람은 나무를 지고 가고, 한 사람은 거문고 소리를 듣는다. 본성이 닿은 곳은, 오묘하여 스스로 찾지 않아도 된다. 자연으로부터 얻는 것은, 조용히 스치는 미묘한 음이다.

悲慨 비개

大風捲水, 林木爲摧. 適苦欲死, 招憩不來. 百歲如流, 富貴冷灰. 大道日喪,① 若爲雄才. 壯士拂劍, 浩然彌哀. 蕭蕭落葉, 漏雨蒼苔.

① '喪'原作'往', 據唐代叢書本改.

광풍이 파랑을 일으키고, 큰 나무들이 부러진다. 마음 괴로워 죽을 것 같고, 쉬려 해도 쉴 수 없다. 세월은 물 흐르듯 지나고, 부귀영화는 차가운 재이다. 큰 도는 날마다 쇠퇴하거늘, 웅대한 재능인들 어찌하랴. 장사는 칼을 늘어뜨리고, 슬픔이 밀려온다. 낙엽은 쓸쓸히 지고, 푸른 이끼에 비가 내린다.

① '喪'은 원래 '往'로 돼 있었는데, 『당대총서』본에 의거하여 고쳤다.

形容 형용

絶佇靈素, 少迴淸眞. 如覓水影, 如寫陽春. 風雲變態, 花草精神. 海之波瀾, 山之嶙峋. 俱似大道, 妙契同塵. 離形得似, 庶幾斯人.

끝까지 기다려 정신을 집중하면, 얼마 뒤 청정한 진상이 돌아온다. 물의 그림자를 찾는 듯하고, 따스한 봄을 그린 듯하다. 바람과 구름이 각양각색으로 변하고, 꽃과 풀이 생동한다. 바다의 찬란한 물결이요, 산의 드높은 봉우리다. 모두 큰 도와 같고, 오묘하게 속세와 하나가 된다. 외형을 떠나 유사함을 얻으면, 이 사람에 거의 가까워진다.

超詣초예

匪神之靈, 匪機之微. 如將白雲, 淸風與歸. 遠引若至, 臨之已非. 少有道契,① 終與俗違. 亂山喬木, 碧苔芳暉. 誦之思之, 其聲愈希.

① '契'原作'氣', 據珠叢本改.

정신의 영민함도 아니고, 천기(天機 : 영성)의 미묘함도 아니다. 흰 구름을 거느리고, 맑은 바람과 함께 돌아가는 것과 같다. 멀리서 당기면 이른 듯하지만 가까이 다가서면 이미 아니다. 어려서 도와 부합되어, 끝내 세속과 뜻이 맞지 않다. 산속에 키 큰 나무이고, 푸른 이끼에 반짝이는 빛이다. 외우고 되뇌니, 그 소리 더욱 미묘하다.

① '契'는 원래 '氣'로 돼 있었는데, 『담예주총』본에 의거하여 고쳤다.

飄逸 표일

落落欲往, 矯矯不羣. 緱山之鶴, 華頂之雲. 高人畫中,① 令色絪縕. 御風蓬葉, 泛彼無垠. 如不可執, 如將有聞. 識者已領, 期之愈分.

① '畫'原作'惠', 據珠叢本改中.

홀로 멀리 떠나려 하고, 우뚝 서서 무리와 어울리지 않는다. 구산緱山의 학이요, 화산 머리의 구름이다. 그림 속 고상한 인물의, 고운 빛이 감돈다. 쑥 잎 타고 바람을 다스려, 저 무한의 세계를 노닌다. 잡을 수 없을 듯하고, 곧 들을 듯도 하다. 아는 자는 이미 알아차렸을 터, 기대하려들면 더욱 분리된다.

① '畫'는 원래 '惠'로 돼 있었는데, 『담예주총』본에 의거하여 고쳤다.

曠達광달

生者百歲, 相去幾何. 歡樂苦短, 憂愁實多. 何如尊酒, 日往煙蘿. 花覆茅檐, 疏雨相過. 倒酒旣盡, 杖藜行歌. 孰不有古, 南山峨峨.

백 년을 산다 해도, 차이가 얼마이랴. 환락은 아쉽게도 짧고, 근심은 실로 많다. 어찌하면 한 동이 술 들고, 날마다 안개 걸친 넝쿨을 찾을까. 꽃은 초가의 처마를 덮고, 성긴 비도 찾아온다. 술잔 기울여 다 비우면, 지팡이 짚고 노래 부르며 걷는다. 누군들 고금의 변화가 없으랴만, 남산은 드높을 뿐이다.

流動유동

若納水輨, 如轉丸珠. 夫其可道, 假體如愚. 荒荒坤軸, 悠悠天樞. 載要其端, 載同其符. 超超明神, 返返冥無. 來往千載, 是之謂乎.

물바퀴 움직이는 것 같고, 둥근 구슬 구르는 것 같다. 어찌 말로 할 수 있으랴, 몸을 빌려 우매한 자에게 남길 뿐이다. 드넓은 땅의 축이요, 아득한 하늘의 요추이다. 그 실마리를 휘어잡고, 그 본질에 부합해야 한다. 신명은 초연하지만 무의 세계로 돌아간다. 오고가는 세월 속에서, 이것을 말한 것이리라.

역대시화 1 | 인명 찾아보기

| 역대시화 · 역대시화 범례 · 역대시화 목록

ㅅ

사진謝榛 13

ㅇ

여조겸呂祖謙 12
왕세정王世貞 12

ㅈ

장자張鎡 12

ㅎ

하문환何文煥 13
호문환胡文煥 12

시품

ㄱ

강보월康寶月 64
강사江祀 68
강석江祏 68
강엄江淹 54, 55, 56
강홍江洪 70
고개지顧愷之 49
고매顧邁 49
고조高祖 34
공치규孔稚珪 68
곽박郭璞 29, 35, 38, 48, 54
곽태기郭泰機 49
구양건歐陽建 59
구지邱遲 55
구혜공區惠恭 63
굴원屈原 30

ㄴ

노심盧諶 48
능수지陵修之 62, 63

ㄷ

단초檀超 65
대개戴凱 49
대규戴逵 60
대법흥戴法興 62, 63
대옹戴顒 60
도잠陶潛 35, 50
두예杜預 60

ㄹ

류회劉繪 31

ㅁ

매승枚乘 28
모백성毛伯成 66
무습繆襲 59
무왕武王 64
문제文帝 45

ㅂ

반고班固 28, 57
반니潘尼 29
반악潘岳 29, 35, 38, 41, 42, 59
반희班姬 28, 37
백도유帛道猷 64
범엽范曄 34
범운范雲 55, 56
범진范縝 70
변록卞錄 69
변빈卞彬 69
부량傅亮 61
부함傅咸 59
부현傅玄 59

ㅅ

사강락謝康樂 52
사령운謝靈運 29, 33, 35, 42, 43, 46, 51, 52, 61

사마상여司馬相與 28
사세기謝世基 49
사장謝莊 32, 34, 62, 66
사조謝朓 31, 34, 53, 54, 70
사첨謝瞻 51
사초종謝超宗 65
사혜련謝惠連 35, 52, 63
사혼謝混 29, 35, 51, 53, 54, 60
서숙徐淑 44
서효사徐孝嗣 69
석숭石崇 47
소도성蕭道成 65
소무蘇武 35
소보생蘇寶生 62, 63
소색蕭賾 67
소자량蕭子良 56
손작孫綽 29, 60
손찰孫察 71
손초孫楚 46
시곽柴廓 64
심약沈約 34, 56, 61

ㅇ

안릉전安陵纏 63
안사백顏師伯 63
안연년顏延年 40
안연지顏延之 29, 32~35, 50, 51, 53, 64~66
안칙顏則 66
양요번羊曜璠 61, 64
양웅揚雄 28
역염酈炎 57
열조烈祖 34
오매원吳邁遠 66
완우阮瑀 59
완적阮籍 35, 39
왕건王巾 69
왕검王儉 65
왕몽王濛 60
왕미王微 33, 35, 51, 54, 62
왕소군王昭君 30
왕승달王僧達 51
왕원장王元長 34
왕융王融 33, 34, 56, 68
왕제王濟 60
왕찬王粲 28, 29, 35, 36, 39~42, 45, 46, 48
왕포王褒 28
우희虞羲 70
원굉袁宏 49, 60, 69
원숙袁淑 51, 62
원하袁嘏 69
유곤劉琨 29, 31, 35, 48
유굉劉宏 62
유담劉惔 60
유량庾亮 29, 60
유삭劉朔 62
유정劉楨 28, 29, 33, 35, 38, 39, 42, 58
유준劉峻 62
유회劉繪 68
육궐陸厥 70
육기陸機 29, 33, 35, 36, 40~42, 47, 51, 66
육운陸雲 29, 47
윤의강劉義康 63
은중문殷仲文 60
응거應璩 47, 50
이릉李陵 28, 37, 39, 45

이충李充 33
임담서任曇緖 62, 63
임방任昉 33, 55

ㅈ

장공張公 46
장영張永 65
장융張融 68
장재張載 29, 59
장즐張騭 33
장한張翰 46
장항張亢 29
장협張協 29, 35, 41, 43, 53
장화張華 35, 51, 53
장흔태張欣泰 70
제갈량諸葛亮 68
조비曹丕 28, 34, 39, 58
조식曹植 28, 29, 31, 33, 34, 36, 38~40, 43, 45, 47, 58
조예曹叡 34
조일趙壹 57
조조曹操 28, 34, 58
조터曹攄 47
종영鍾嶸 25
종헌鍾憲 66
좌사左思 29, 35, 42, 67
주紂 64
지우摯虞 33
진가秦嘉 44

ㅌ

탕혜휴湯惠休 51, 66
태조太祖 34

ㅍ

포영휘鮑令暉 67
포조鮑照 31, 35, 53, 54, 56, 64, 66, 67
포행경鮑行卿 71

ㅎ

하소何劭 47, 48
하안何晏 35
하장유何長瑜 61
하후담夏侯湛 59
한난영韓蘭英 67
허순許詢 29, 60
허요지許瑤之 66
혜강嵇康 35, 45
혜소嵇紹 59
혜함嵇含 59
혜휴惠休 64
환온桓溫 29, 60

시식

ㄱ

강락공 100~102, 105
공공貢公 101
공자孔子 94
곽경순郭景純 109
곽박郭璞 107

ㄴ

노조린盧照鄰 109

ㄷ

도연명 100
두강杜康 102

ㅁ

무염無鹽 103
문왕文王 103

ㅂ

백아伯牙 106
병한邴漢 100
복상卜商 94
부구浮丘 107
부의傅毅 95
부함傅咸 117

ㅅ

사강락 98
사령운謝靈運 97, 98
사연師涓 102
설광덕薛廣德 101
소무蘇武 94
소하蕭何 115
심약沈約 83, 84
심전기沈佺期 118

ㅇ

업중鄴中 96
여와 111
오경吳競 106
왕범지王梵志 109
왕자교王子喬 102
왕찬王粲 96
왕창령王昌齡 119
원감元鑑 106
위 무제魏武帝 102
유정劉楨 96
유혼柳惲 118
유회劉繪 83
육기陸機 100
이릉李陵 94
이백李白 111

ㅈ

장량張良 100
적송자赤松子 102

조식曹植 102
조조曹操 102
주옹周顒 83
진림陳琳 96
진숙보陳叔寶 117

ㅊ

채옹蔡邕 95
촉제蜀帝 108

ㅌ

태사太姒 103

ㅍ

팽선彭宣 101
포조鮑照 100, 108

ㅎ

하지장賀知章 109
항아嫦娥 109
협률랑協律郎 106
혜강嵇康 119
혜휴惠休 98
홍애洪崖 107, 109